# 高等学校と警察の連携が拓くボランティア活動

## 青森県・愛媛県西条市・熊本県玉名市の実践事例の検証

林　幸克

学 文 社

# 緒　言

　高校生のボランティア活動に着目した研究には，高校生がボランティア活動に取り組む効果について，自己判断や責任遂行，集団維持に関する意識が向上したこと等を明らかにした論考や，高等学校のボランティア学習カリキュラムの分析から，導入部で特に高校生の自発性を生かした活動が展開されていることを示した研究[2]等がある。また，非行集団に加入していた高校生が，社会参加活動で協働作業を経験し，人の役に立てたと実感できることが立ち直りに有効であることを明示したもの[3]もある。

　こうした高校生の行うボランティア活動全般の効果を示した研究はあるが，警察との関連に着目した論考は少ない。警察との関連に言及した研究には，大学と警察の協定による地域防犯ボランティアについて言及した研究[4]等があるが，事例紹介にとどまっており，その効果の検証はなされていない。また，被害生徒を生まない毅然とした生徒指導の在り方に着目した論考[5]もあるが，それは生徒指導上の問題のある一部の生徒を対象としたもので，本書で対象とするすべての高校生を観察単位としたものではない。すなわち，高等学校と警察が連携したボランティア活動に焦点を当て，その成果を明示した研究は皆無であるといえる。

　高等学校と警察の連携については，高等学校学習指導要領や生徒指導提要に明文化されている。生徒指導提要（2010年）には，警察との関係について「問題行動が発生した場合にのみ連携するのではなく，非行防止教室など問題行動等を未然に防止したり，早期に発見したりするための取組を始めとした日常からの連携体制を築いておくことが重要」であると記されている。また，ボランティア活動との関連でみると，高等学校学習指導要領（2009年・2018年）では，ボランティア活動などの社会体験に取り組む際には「各種団体との連携，地域の教材や学習環境の積極的な活用などの工夫を行うこと」とされている。こう

した言及があるにもかかわらず，高等学校と警察の関係について，文部科学省「学校と警察の連携に係る緊急調査」(2015年) では，学校警察連絡制度の活用状況は約9割であるものの，連絡等の対象となる事案は「犯罪行為又は不良行為を行った児童生徒」など，特定の生徒を対象としているのが現状であることが示されるにとどまっている。そのため，高等学校と警察の連携を想起する際，どうしても生徒指導上の問題行動を起こした生徒への対応をイメージしやすいことにつながっている。しかし，連携は，そうした特定の生徒だけを対象にするのではなく，すべての生徒を対象にするのが原則であると考える。そこで本書では，すべての生徒を対象にした高等学校と警察による日常的な連携に着目する。連携して何をするのか，具体的な実践としてボランティア活動を取り上げる。高等学校と警察が日常的に連携してボランティア活動に取り組むことで，どのような効果があるのか，それを実証的に解明することを目的とする。その検証結果を先に述べるが，高等学校と警察の連携が高校生のボランティア活動の活性化に寄与していることが明らかになり，日常的な連携の有効性が確認できた。

　筆者はこれまで，科学研究費助成事業若手研究 (B)「高等学校におけるボランティア活動の単位認定の実施状況に関する実証的研究」(2008〜2010年度) の一環で，高校生がボランティア活動を行った場所について調査した。その結果，高齢者施設や障害者施設での活動は多いのに対して，社会教育施設や役所などの公共施設・機関はほとんど該当しないことが明らかになった。そこで，高等学校と公共施設・機関と連携したボランティア活動が活発になることで，高校生のボランティア活動がより広く定着するのではないかと考え，連携の在り方に関心を持つようになった。様々な実践事例を調査する中で，高等学校と警察が連携してボランティア活動を展開している事例がいくつかあることがわかった。まず，その中で岐阜県のMSリーダーズ活動に着目した。[6] MSリーダーズ活動のMはManners (規範，礼儀作法)，SはSpirit (意識，精神) の略で，高校生が自発的に取り組む非行防止・規範意識啓発活動のことであり，警察の事業として開始された。2011〜2014年度，MSリーダーズ活動について，参与観察

や関係者へのインタビュー調査等を継続しており，その過程で平成25年度岐阜大学大学活性化経費を受けて，高校生対象の質問紙調査を行った。MSリーダーズ活動を通して，警察と一緒にボランティア活動に取り組んでいる高校生ほど自尊感情や規範意識が高いこと，警察を身近に感じていることなどが明らかになった。[7]

　高等学校と警察が連携したボランティア活動の効果について，一定の研究成果を得ることはできた。しかし，この一連のMSリーダーズ活動研究は，岐阜県の事例で特殊性を否めないおそれがあること，また単発の質問紙調査であるため正確な効果測定となっておらず，分析・考察に限界があった。そこで，このMSリーダーズ活動研究で得られた研究成果を基盤に，発達段階や学校内外の学習状況等を加味しながら，より多面的・多角的な分析を試みる必要があると考えた。また，インタビュー調査・参与観察から実践事例を質的に分析し，その現状と課題を比較検討することも重要であると考えた。

　そうした問題意識の中で，本書では学校と警察の連携に関して，日常的な連携をいかに促進していくことができるのか，また，そこからどのような教育効果を得ることができるのか，そこに焦点を当てた。第1章で詳述するが，警察署は特別支援学校や博物館・青少年教育施設と同程度の施設数であり，連携が可能な社会資源として捉えることができる。そこで，学校と警察が連携して取り組むボランティア活動を継続的かつ広域的に実践している事例に着目して，分析・考察を行い，実践成果を実証的に示すことで，高等学校と警察が連携したボランティア活動の拡大・定着に寄与する知見を提示することができるのではないかと考えた。

　その具体的な実践事例として，「少年非行防止JUMPチーム」（青森県），「高校生防犯ボランティアC.A.P.」（愛媛県西条市），「高校生防犯ボランティア組織ボウハンティア」（熊本県玉名市）の取組みに着目した。「少年非行防止JUMPチーム」は警察庁執務資料「学校と警察との連携の強化による非行防止対策の推進について」（2002年）において，「高校生防犯ボランティアC.A.P.」は警察庁「自主防犯ボランティア　活動支援サイト」において，「高校生防犯ボラン

ティア組織ボウハンティア」は「ボランティア活動日本一」推進フォーラム（熊本県社会福祉協議会ほか）や全国読売防犯協力会「ぼうはん日本」において事例紹介されるなど，全国的に注目されている実践である。

　それらの取組みのポイントを明確にして，その実践の成果を実証的に示すことは，高等学校のボランティア活動の拡大・定着に寄与するものと捉えている。また，すべての生徒を対象にした高等学校と警察の連携についての研究，両者の連携によるボランティア活動の効果に焦点を当てた研究に関して，研究成果の蓄積が十分とは言い難い分野を拓いていくという意味で，本書で提示する知見は重要な位置づけにあると自負している。

### 注記

1) 林幸克『高校生のボランティア学習―学校と地域社会における支援のあり方―』学事出版，2007年
2) 長沼豊『新しいボランティア学習の創造』ミネルヴァ書房，2008年
3) 小林寿一「非行からの立ち直りに資する社会参加活動」『青少年問題』第57巻春季号，2010年
4) 木村佐枝子「警察署と大学の協定による地域防犯ボランティアの取り組み」『人間文化』第32号（神戸学院大学人文学会），2013年
5) 瀬田川聡『ためらわない警察連携が生徒を守る―被害生徒を生まない毅然とした生徒指導―』学事出版，2015年
6) 林幸克「高校生の規範意識を育む生徒会活動―岐阜県における「MSリーダーズ活動」の事例―」『岐阜大学教育学部研究報告―人文科学―』第62巻第1号，2013年
7) 林幸克「青少年の規範意識・自尊感情に関する実証的研究―岐阜県の高校生・大学生対象質問紙調査結果に基づく考察―」『青少年教育研究センター紀要』第4号，2015年

# 研究概要

　本書では，青森県，愛媛県西条市，熊本県玉名市の3地域において様々な調査を実施した。その詳細は，各章に委ねるが，概要は次のとおりである。

表0-1　研究概要

| 名称 | | JUMP チーム | | 高校生防犯ボランティア C.A.P. | 高校生防犯ボランティア 組織ボウハンティア |
|---|---|---|---|---|---|
| 活動地域 | | 青森県 | | 愛媛県西条市 | 熊本県玉名市 |
| 活動単位 | | 県 | | 市 | 市 |
| 活動開始年 | | 1999 | | 2003（2006） | 2005 |
| 調査対象校 | | 県立高等学校 （普通科，外国語科） | | 県立高等学校 （普通科，国際文理科，理数科，商業科） | 県立高等学校 （普通科） |
| | | | | 県立高等学校 （普通科，園芸科学科） | 県立高等学校 （普通科，園芸科学科，造園科，ビジネスマネジメント科，家政科学科） |
| | | | | 県立高等学校 （普通科，家庭科） | 県立高等学校 （機械科，電気科，電子科，工業化学科，土木科） |
| | | | | 県立高等学校 （機械科，電機システム科，建設工学科） | 私立高等学校 （普通科，ビジネス科，食物科，看護科） |
| | | | | 県立高等学校 （食農科学科，環境工学科，生活デザイン科） | 私立高等学校 （普通科，総合ビジネス科，情報メディア科） |
| 質問紙 調査 | 時期 | 2016年9月〜10月 | 2018年7月 | 2017年9月〜10月 | 2018年10月〜11月 |
| | 対象 | 高校生 （1〜3年生） | 高校生（3年生） | 高校生（1〜3年生） | 高校生（1〜3年生） |
| | 人数 | 645/684（有効回答94.3%） | 207/226（有効回答91.6%） | 1007/1097 （有効回答91.8%） | 879/951 （有効回答91.6%） |
| 聞き 取り 調査1 | 時期 | 2016年8月 | 2018年7月 | 2017年7月〜9月 | 2018年7月〜8月 |
| | 対象 | 高校生 | 高校生 | 高校生 | 高校生 |
| | 人数 | 7名（1年生5名，2年生2名） | 5名（3年生） | 5名（3年生） | 14名 （2年生2名，3年生12名） |
| 聞き 取り 調査2 | 時期 | 2016年8月 | | 2017年7月〜9月 | 2018年7月〜8月 |
| | 対象 | 高等学校教員 | | 高等学校教員 | 高等学校教員 |
| | 人数 | 2名 | | 3名 | 5名 |
| 聞き 取り 調査3 | 時期 | | | 2017年8月 | |
| | 対象 | | | 警察関係職員 | |
| | 人数 | | | 4名 | |
| 参与観察 | | 2016年7月〜2020年1月 | | 2017年4月〜2017年11月 | 2017年10月〜2018年10月 |

## 表0-2　参与観察等一覧

| 日時 | | 場所 | 内容 |
|---|---|---|---|
| 2016年 | 6月30日（木） | 青森県立Ａ高等学校，青森県教育庁学校教育課，青森県警察本部少年課 | 調査依頼・打ち合せ |
| | 7月25日（月） | 青森県武道館会議室 | 平成28年度 JUMP スキル・アップ・カンファレンス（弘前ブロック）参観 |
| | 7月26日（火） | 八戸市公会堂リハーサル室 | 平成28年度 JUMP スキル・アップ・カンファレンス（八戸ブロック）参観 |
| | 7月27日（水） | 青森県教育庁学校教育課 | JUMP チームに関する聞き取り調査 |
| | 7月28日（木） | 青森県立Ａ高等学校 | JUMP チームに関する聞き取り調査 |
| | 7月29日（金） | 青森県警察本部少年課 | JUMP チームに関する聞き取り調査 |
| | 7月29日（金） | 青森市立Ａ小学校 | JUMP チームの活動（非行防止ミニ講話）参観 |
| | 8月31日（水） | 青森県総合社会教育センター教育活動支援課 | 資料収集 |
| | 8月31日（水） | 青森県立Ａ高等学校 | JUMP チームに関する聞き取り調査 |
| | 9月1日（木） | 八戸工業大学 | JUMP チームに関する聞き取り調査 |
| | 11月21日（月） | 愛媛県立Ａ高等学校，愛媛県立Ｂ高等学校，愛媛県警察西条警察署生活安全課，愛媛県警察西条西警察署生活安全課 | 調査依頼・打ち合わせ |
| | 12月19日（月） | 青森県立Ａ高等学校，青森県教育庁学校教育課，青森県警察本部少年課 | 調査結果報告・調査打ち合わせ |
| 2017年 | 4月28日（月） | 周ちゃん広場，フジグラン西条 | C.A.P. 活動参観 |
| | 4月29日（土） | 西条市社会福祉協議会 | 資料収集 |
| | 4月30日（日） | 西条市市民活動センター，西条市こどもの国，西条市郷土博物館，五百亀記念館 | 資料収集 |
| | 5月1日（月） | 西条市教育委員会学校教育課 | C.A.P. に関する聞き取り調査 |
| | 5月2日（火） | 西条市ボランティアセンター | C.A.P. に関する聞き取り調査 |
| | 5月25日（木） | 青森県立Ａ高等学校，青森県警察青森警察署 | 調査打ち合わせ・活動（委嘱状交付式・研修）参観 |
| | 6月22日（木） | 熊本県立Ａ高等学校，熊本県警察玉名警察署生活安全課 | 調査依頼・打ち合わせ |
| | 7月25日（火） | 五所川原市民学習情報センター大教室 | 平成29年度情報モラルフォーラム（五所川原ブロック）参観 |
| | 7月26日（水） | ねぶたの家ワ・ラッセ交流学習室1・2 | 平成29年度情報モラルフォーラム（青森ブロック）参観 |
| | 7月28日（金） | 愛媛県立Ａ高等学校 | C.A.P. に関する聞き取り調査 |
| | 8月28日（月） | 愛媛県警察西条西警察署生活安全課，愛媛県立Ｃ高等学校 | C.A.P. に関する聞き取り調査・調査打ち合わせ |
| | 8月29日（火） | 愛媛県立Ｄ高等学校，愛媛県立Ｅ高等学校 | 調査打ち合わせ |

| 日時 | | 場所 | 内容 |
|---|---|---|---|
| 2017年 | 8月30日(水) | 愛媛県立B高等学校，愛媛県警察西条警察署生活安全課 | C.A.P. に関する聞き取り調査 |
| | 9月8日(金) | 西条市東予総合福祉センター | 情報収集 |
| | 9月11日(月) | 愛媛県立D高等学校 | C.A.P. に関する聞き取り調査 |
| | 10月3日(火) | 青森市立A小学校 | JUMPチームの活動（合同あいさつ運動）参観 |
| | 10月24日(火) | 玉名市民会館ホール | ボウハンティア音楽祭参観 |
| | 10月28日(土) | 青森公立大学 | JUMPチームの活動（JUMP研修会）の参観 |
| | 11月1日(水) | 愛媛県警察西条西警察署 | C.A.P. 活動参観 |
| 2018年 | 1月30日(火) | 西条市教育委員会学校教育課，五百亀記念館，愛媛県立B高等学校，愛媛県警察西条警察署生活安全課，愛媛県立D高等学校 | 調査結果報告・資料収集 |
| | 1月31日(水) | 愛媛県立E高等学校，愛媛県警察西条西警察署生活安全課，愛媛県立C高等学校，愛媛県立A高等学校 | 調査結果報告・資料収集 |
| | 5月17日(木) | 熊本県立B高等学校，熊本県私立C高等学校 | 調査依頼・打ち合わせ |
| | 5月18日(金) | 熊本県警察玉名警察署生活安全課，玉名市教育委員会生涯学習課 | 調査依頼・打ち合わせ |
| | 5月31日(木) | 青森県立A高等学校，青森県教育庁学校教育課 | 調査打ち合わせ |
| | 6月1日(金) | 青森県警察本部少年課，青森警察署 | 調査打ち合わせ・活動（委嘱状交付式・研修）参観 |
| | 6月28日(木) | 熊本県立A高等学校，熊本県私立D高等学校 | 調査依頼・打ち合わせ |
| | 6月29日(金) | 熊本県立E高等学校 | 調査依頼・打ち合わせ |
| | 7月13日(金) | 青森県立A高等学校 | JUMPチームに関する聞き取り調査 |
| | 7月23日(月) | 熊本県私立D高等学校，熊本県立A高等学校 | ボウハンティアに関する聞き取り調査 |
| | 7月24日(火) | 玉名市教育委員会生涯学習課 | ボウハンティアに関する聞き取り調査 |
| | 7月25日(水) | 熊本県警察玉名警察署生活安全課，玉名市教育委員会生涯学習課 | ボウハンティアに関する聞き取り調査 |
| | 7月30日(月) | 十和田市民文化センター生涯学習ホール | 平成30年度情報モラルフォーラム（十和田ブロック）参観 |
| | 7月31日(火) | 青森県武道館会議室 | 平成30年度情報モラルフォーラム（弘前ブロック）参観 |
| | 8月29日(水) | 熊本県私立C高等学校 | ボウハンティアに関する聞き取り調査 |
| | 8月31日(金) | 熊本県立E高等学校 | ボウハンティアに関する聞き取り調査 |
| | 10月12日(金) | 玉名市総合体育館 | ボウハンティア音楽祭参観 |

| | 日時 | 場所 | 内容 |
|---|---|---|---|
| 2019年 | 1月21日(月) | 熊本県立A高等学校 | 調査結果報告・資料収集 |
| | 1月22日(火) | 熊本県立E高等学校 | 調査結果報告・資料収集 |
| | 1月23日(水) | 熊本県立B高等学校 | 調査結果報告・資料収集 |
| | 1月24日(木) | 玉名市教育委員会生涯学習課，熊本県警察玉名警察署生活安全課，熊本県私立C高等学校 | 調査結果報告・資料収集 |
| | 1月25日(金) | 熊本県私立D高等学校 | 調査結果報告・資料収集 |
| | 1月30日(水) | 青森県A高等学校 | 調査結果報告・資料収集 |
| | 1月31日(木) | 青森県男女共同参画センター | リーダー研修会の参観 |
| | 2月1日(金) | 青森県警察本部少年課，青森県教育庁学校教育課 | 調査結果報告・資料収集 |
| | 5月23日(木) | 青森県警察本部少年女性安全課，青森県教育庁学校教育課，青森警察署 | 調査打ち合わせ・活動（委嘱状交付式・研修）参観 |
| | 5月24日(金) | 青森県立A高等学校 | 調査打ち合わせ |
| | 7月24日(木) | 五所川原市民学習情報センター | 令和元年度情報モラルフォーラム（五所川原ブロック）参観 |
| | 7月28日(日) | 青森市民図書館 | 資料収集 |
| | 7月29日(月) | むつ市立図書館 | 資料収集 |
| | 7月30日(火) | 下北文化会館 | 令和元年度情報モラルフォーラム（むつブロック）参観 |
| 2020年 | 1月28日(火) | 青森県警察本部少年女性安全課，青森県教育庁学校教育課 | 資料収集 |
| | 1月29日(水) | 八戸工業大学 | 資料収集 |
| | 1月30日(木) | 青森県立A高等学校 | 資料収集 |
| | 1月31日(金) | 青森県男女共同参画センター | リーダー研修会の参観 |

# 目　　次

# 第1章
# 学校と警察の連携

◆ 第1節
# ボランティア活動支援のための連携

　「経済財政運営と改革の基本方針2018」（閣議決定，2018年6月）では，教育の質の向上等に関して，2017・2018年版学習指導要領を円滑に実施するととも

**表1-1　高等学校学習指導要領（2018年）におけるボランティア活動に関する記述**

| | |
|---|---|
| 総則 | 学校においては，地域や学校の実態等に応じて，就業やボランティアに関わる体験的な学習の指導を適切に行うようにし，勤労の尊さや創造することの喜びを体得させ，望ましい勤労観，職業観の育成や社会奉仕の精神の涵養に資するものとする。 |
| | 学校やホームルーム内の人間関係や環境を整えるとともに，就業体験活動やボランティア活動，自然体験活動，地域の行事への参加などの豊かな体験を充実すること。 |
| 家庭 | 学校家庭クラブ活動などとの関連を図り，福祉施設などの見学やボランティア活動への参加をはじめ，身近な高齢者との交流の機会をもつよう努めること。 |
| 福祉（専門学科） | 生徒や地域の実態，学科の特色に応じて，介護実習やボランティア，地域交流の場を活用した実践的・体験的な学習活動を取り入れるなどして指導すること。 |
| 総合的な探究の時間 | 自然体験や就業体験活動，ボランティア活動などの社会体験，ものづくり，生産活動などの体験活動，観察・実験・実習，調査・研究，発表や討論などの学習活動を積極的に取り入れること。 |
| 特別活動 | （生徒会活動）ボランティア活動などの社会参画　地域や社会の課題を見いだし，具体的な対策を考え，実践し，地域や社会に参画できるようにすること。 |
| | （学校行事）勤労生産・奉仕的行事　…共に助け合って生きることの喜びを体得し，ボランティア活動など社会奉仕の精神を養う体験が得られるようにすること。 |
| | ボランティア活動などの社会奉仕の精神を養う体験的な活動や就業体験活動などの勤労に関わる体験的な活動の機会をできるだけ取り入れること。 |

に，地域振興の核としての高等学校の機能強化や子供の体験活動の充実を図ることなどが示された。また，2018年7月にOECDが公表した日本の教育政策に関する報告書では，2017・2018年版学習指導要領が目指す問題解決能力などの育成が高く評価された。両者で触れられている2017・2018年版学習指導要領に関して，体験活動の一つであり，問題解決能力の育成に資する活動の一つでもあるボランティア活動に着目すると，教育課程の諸領域・時間で言及されていることがわかる（**表1-1**参照，表中下線は筆者が付記）。ボランティア活動に関する記述は1998年（小学校・中学校）・1999年（高等学校）の改訂以来継続して，今日に至っている。

　ボランティア活動の教育効果として，社会的有用感や自己肯定感の育成，自尊感情の向上[1]，市民性の育成[2]などが提示されているが，昨今，学力との関連からも一考に値するデータが示されている。全国学力・学習状況調査によると，[3]

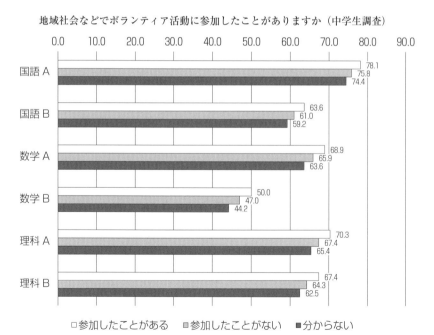

図1-1　ボランティア活動経験と学力（正答率）の関係

ボランティア活動に「参加したことがある」生徒の正答率が「参加したことがない」「分からない」生徒よりも高いことが明らかになっており（**図1-1**参照），今後，ボランティア活動への注目はより高まるものと思われる。

　ボランティア活動を支援するにあたり，2017・2018年版学習指導要領の基本的な考え方の一つである地域社会と連携する「社会に開かれた教育課程」の実現が重要になる。それに関して，高等学校学習指導要領（2018年）には，「学校がその目的を達成するため，学校や地域の実態等に応じ，教育活動の実施に必要な人的又は物的な体制を家庭や地域の人々の協力を得ながら整えるなど，家庭や地域社会との連携及び協働を深めること。」（総則）と記されている。

　具体的な地域資源として，教育という点でつながりやすいと思われる社会教育施設に着目しよう（**図1-2**参照）。公民館は中学校より4,000施設以上多く中学校区に1館以上あることになる。また，特別支援学校と博物館は同程度の施設数であり，連携の余地は小さくないと考えられる。さらに，文部科学省「平成30年度社会教育統計（社会教育調査報告書）」（2020年）によると，ボランティア活動登録制度のある施設の割合として，公民館14.3％，図書館71.0％，博物館

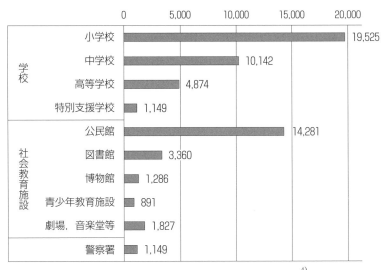

**図1-2　学校・社会教育施設・警察署の施設数**[4]

41.5％，青少年教育施設36.3％，劇場，音楽堂等23.8％となっており，ボランティア活動に取組みやすい環境が整備されつつある状況にあるといえる。高等学校と博物館・図書館との連携に関しては，実証的な研究知見が示されているが，高等学校と地域社会が連携したボランティア活動支援に関して，さらなる研究蓄積が求められる。

　連携に関しては，中央教育審議会答申「チームとしての学校の在り方と今後の改善方策について」（2015年）において，「チームとしての学校」と関係機関との連携・協働に関して，組織的な取組みを進めていく必要があることが明示された。また，中央教育審議会答申「幼稚園，小学校，中学校，高等学校及び特別支援学校の学習指導要領等の改善及び必要な方策等について」（2016年）では，「社会に開かれた教育課程」の実現に関して，「地域の人的・物的資源を活用したり，放課後や土曜日等を活用した社会教育との連携を図ったりし，学校教育を学校内に閉じずに，その目指すところを社会と共有・連携しながら実現させること。」，「カリキュラム・マネジメント」について，「教育内容と，教育活動に必要な人的・物的資源等を，地域等の外部の資源も含めて活用しながら効果的に組み合わせること。」が謳われた。そして，「教育課程外の学校教育活動や地域主体の教育活動と，教育課程とを有機的に関連付けていくことは，生徒に多様な学びや経験の場を保障し，一人一人が多様な分野の学びや社会とのつながりを実感しながら，自分の興味・関心を深く追究する機会を実現し，人生を切り拓いていくために必要な資質・能力を身に付けていくことにつながる。」とされた。また，高等学校学習指導要領（2018年）総則には，「学校がその目的を達成するため，学校や地域の実態等に応じ，教育活動の実施に必要な人的又は物的な体制を家庭や地域の人々の協力を得ながら整えるなど，家庭や地域社会との連携及び協働を深めること。」と記されている。

◆ 第2節
# 学校と警察の連携

　2015年2月に神奈川県川崎市において中学1年生男子生徒が殺害された事件を契機に，文部科学省は，未然防止の観点から学校と警察の連携状況を把握し，改善策を検討するために「学校と警察の連携に係る緊急調査」(2015年)を実施した。

　この調査によれば，警察と学校とで組織する協議会[7]への加入状況，学校警察連絡制度[8]の活用状況は9割前後であるが，情報共有する児童生徒をみると，問題行動等に関わりのある特定の児童生徒に限られていることがわかる。非行防止のための連携状況の確認であるため致し方ない部分もあると思われるが，対象事案となっていない生徒の健全育成に関して，どのような連携がとられ，実践が展開されているのかまでは明らかになっていない。学校と警察の連携に関して，生起している問題行動等への対応だけではなく，それを未然に防ぐための方策が重要であることは，従前から示されてきた。

### 表1-2　協議会への加入状況及び学校警察連絡制度の活用状況等

(%)

| | | 加入済み | 未加入理由 |
|---|---|---|---|
| 協議会 | 小学校 | 96.9 | ・そのような協議会があることを承知していない（19.2）|
| | 中学校 | 97.1 | ・加入したいが，どこと連絡を取ればよいか分からない（8.9）|
| | 高等学校 | 94.6 | ・非行防止対策として警察と連携を図らなければならないような状況にない（49.3）|
| | 特別支援学校 | 87.8 | ・個人の情報を外部機関と共有することに抵抗がある(4.1) |
| | 合計 | 96.4 | ・その他（55.5）|
| | | 活用している | 活用していない理由 |
| 学校警察連絡制度 | | 87.1 | ・そのような制度があることを承知していない（17.1）<br>・制度を活用したいが，どこと連絡を取ればよいか分からない（6.1）<br>・非行防止対策として警察と連携を図らなければならないような状況にない（26.4）<br>・個人の情報を外部機関と共有することに抵抗がある(5.7)<br>・その他（66.7）|

表1-3　学校から警察への報告又は協議（連絡等）の対象となる事案　(%)

| | 協議会 | 協定書等[9] |
|---|---|---|
| 犯罪行為又は不良行為を行った児童生徒 | 88.8 | 94.0 |
| 非行集団に加入している又は非行集団から勧誘されている児童生徒 | 76.4 | 91.0 |
| いじめ，虐待を受けている児童生徒 | 75.1 | 88.0 |
| 自殺又は自傷行為の可能性がある児童生徒 | 67.9 | 84.6 |
| 犯罪被害に遭うおそれのある児童生徒 | 75.3 | 91.7 |
| 長期にわたり連絡の取れない又は居所不明の児童生徒 | 65.8 | 77.3 |
| その他 | 30.8 | 33.7 |

　例えば，文部省「青少年非行防止に関する学校と警察との連絡について」
（1963年）では，「学校と警察との連絡の強化については，地域の実情に即して，
学校と警察署との協議により，具体的な方途を講ずる必要があるが，この場合，
個々の非行事例について警察との連絡を密にする方法を講ずるほか，たとえば，
学校警察連絡協議会，補導連絡会等の青少年の非行防止に関する組織を設け，
これらの組織を通じて非行防止に関する情報の交換，非行防止計画の策定等に
つき警察と協同して行なうことが望ましいと考えられること。」とあるように，
非行防止計画の策定について言及されている。警察庁からも，「少年非行防止
における警察と学校の連絡強化について」（1963年）が出され，同様の内容が
示されている。
　さらに具体的な動きとして，文部省「児童生徒の健全育成に向けた学校等と
警察との連携の強化について」（1997年）の中で，「学校と警察との連携を強化
するには，警察署ごとに，又は市町村その他の区域ごとに設立されている学校
警察連絡協議会や補導連絡会等の組織を通じ，学校等と警察が非行防止に関す
る情報を積極的に交換し，協同して取り組むべき具体的措置についての協議を
行い，これを計画的に実施していくことが望ましいと考えられること。このた
め，各都道府県の実情に即し，学警連等の充実と活性化に配慮すること。」と
された。そして，具体的措置の例として，「・薬物乱用防止教室の開催その他
児童生徒の規範意識の啓発に係る措置　・警察が行う不良行為少年等の継続補
導と学校の行う生徒指導との連携　・警察と教育関係団体等が協同して行う街

頭活動　・児童生徒の安全確保や被害を受けた児童生徒の保護を図るための措置」が挙げられた。警察庁からも，同様の内容の「少年の健全な育成に向けた学校及び教育委員会との連携の強化について」(1997年) が示された。この1963年・1997年の文書は文部省と警察庁の両者から，ほぼ同じ内容で発出されており，学校と警察の連携に関して見解を一つにしていることが明らかである。そして，その後，具体的な動きに結実していこうとしていることが推察される。

　警察庁「学校と警察との連携の強化による非行防止対策の推進について」(2002年) では，「街頭補導活動は，不良行為少年，非行少年又は被害少年を発見する契機となるとともに，少年が被害に遭う犯罪の端緒把握の機会ともなるものであり，その意味で極めて重要な活動である。また，警察が，学校関係者を始めとする関係機関・団体や少年警察ボランティアとの合同で行うことのできる活動であることからも，今後，より積極的に取り組んでいくべき活動であるが，ともすると形式的に流れることにもなりかねない。そこで，共同での街頭募金活動の実施に当たっては，適宜，主体・時機・方法等を見直し，より効果的なものにすることが必要である。」とされた。

　さらに，文部科学省・警察庁「非行防止教室等プログラム事例集」(2005年) では，非行防止教室等の意義と効果について，「学校にとっては，関係機関や地域の団体等と連携することにより，指導の改善につながる。」,「警察等関係機関にとっても，非行防止教室等は，少年警察活動の一環として，少年の非行防止・犯罪被害防止を図る重要な施策であり，少年の規範意識向上のほか，保護者等への情報発信活動としての効果も期待できる。(中略) 非行防止教室等に講師として派遣される警察職員等にとっても，実際の学校現場で児童生徒に接することは，実際の少年の状況を理解する上で役立つものと思われる。」と示された。また，文部科学省「非行防止教室の推進を通じた児童生徒の規範意識の育成について (通知)」(2006年) で，警察等関係機関との連携に関して，「学校警察連絡協議会等をはじめとして関係機関との日常的な連携の強化に努めること。」とされている。

これらを概観すると，薬物乱用防止教室や非行防止教室，街頭補導，街頭募金活動などのすべての児童生徒を対象とした日常的な関わりの中で，学校と警察の連携を推進しようとしていることがうかがえる。中央教育審議会答申「チームとしての学校の在り方と今後の改善方策について」(2015年）では，「学校と警察の連携については，学校警察連絡協議会や非行防止教室等の開催，警察OB・OG人材の活用を通じ，警察署や少年サポートセンター等との間で日常から信頼感を培うことが重要である。また，学警連携協定等による都道府県警察本部等と教育委員会等の間の連携についても更に進めていく必要がある。」とされている。

　さて，文部科学省[10]は，連携を「日々の連携」と「緊急時の連携」の2つの視点を意識することが重要であるとして，「日々の連携としては，児童生徒の健全育成を推進したり，ネットワークの構築を図ったり，生徒指導体制の充実を図ったりする目的で行われるものが考えられる。」こと，また，「児童生徒の健全育成を推進するために行われるものとしては，児童生徒を対象に，自己指導能力や危険回避能力を身に付けさせることなどを目的に行う，交通安全教室，防犯教室，薬物乱用防止教室や非行防止教室などのほか，インターネットや携帯電話の適切な使用に関する情報モラル教育などがある。」ことを示した。そして，学校が関係機関等と連携して授業や研修会等を行う際には，「目的を明確にし，連携先の担当者と学校側が事前の打ち合わせを十分に行い，連携先と教師との役割分担を事前に確認するなどして，すべてを関係機関に委ねてしまうことがないよう留意する必要がある。」とした。

　学校と警察の連携に関して，この「日々の連携」をいかに促進していくことができるのか，本書ではそこに焦点を当てる。**図1-2**からわかるように，警察署[11]は特別支援学校や博物館と同程度の施設数であり，連携が可能な社会資源であるといえる。

　その警察との日々の連携に関して，文部科学省「学校における防犯教室等実践事例集」(2006年）では，「教育委員会，警察とも，防犯教室や防犯避難訓練において重要な役割を果たす。教育委員会は，防犯教室等の指導内容や進め方

## 表1-4 日々の連携と緊急時の連携

| 区分 | 目的 | | 具体例 | |
|---|---|---|---|---|
| 日々の連携 | 健全育成の推進 | 規範意識の醸成 | 交通安全教室，防犯教室，薬物乱用防止教室（喫煙防止，飲酒防止を含む），非行防止教室，情報モラル教育，健全育成に関する講演会　など | |
| | | 自尊感情の醸成 | | |
| | | 自己指導能力の育成 | | |
| | | 危険回避能力の育成 | | |
| | | 問題行動等の未然防止 | | |
| | | 家庭教育の支援 | | |
| | ネットワークの構築 | 情報交換 | 情報交換会，連絡協議会，問題行動対応マニュアルの作成，関係機関等一覧表の作成　など | |
| | | 連絡体制の整備（役割分担の確認，連絡先・担当者等の確認） | | |
| | 生徒指導体制の充実 | 教員の指導力の向上 | 関係機関等の職員を招いての研修会，ケース会議，事例検討会　など | |
| 緊急時の連携 | 問題行動等発生時の対応 | 暴力行為等への対応 | 警察，児童相談所等への連絡・相談，児童虐待の通告・相談　など | サポートチーム |
| | | 児童虐待の防止 | | |
| | 指導困難な状況への対応 | 計画的，専門的な指導 | 関係機関等との連携による深刻な問題への対応など | |
| | | 保護者支援 | | |

（出典）文部科学省　国立教育政策研究所　生徒指導研究センター「学校と関係機関等との連携―学校を支える日々の連携―」（生徒指導資料第4集），東洋館出版社，2011年，6頁

について指導したり，外部指導者の紹介などを行う。一方，警察は，防犯教室等の指導者や評価者の役割を担う。」とされ，また，文部科学省「薬物乱用防止教育の充実について（通知）」（2013年）には，「薬物乱用防止教室の開催に際して薬物等に関する専門的な知識を有する警察職員，麻薬取締官OB，学校薬剤師等の協力を得るため，関係機関等との連携の充実を図ること。」や「地域における青少年の薬物乱用について情報交換を行ったりするなど，警察と学校関係者等との連携を一層強化すること。」が明文化されている。あるいは，文部科学省「教育の情報化に関する手引」（2010年）では，学校・家庭・地域による最新情報の共有に関して，「定期的に，情報モラルの専門家から最新情報を得るための講演会や携帯電話端末等に関する実演講習会を実施する。NPOや携帯電話事業者，警察などの出前講座を利用することも有益である。」とされている。

実際の連携状況に関して，文部科学省「平成30年度薬物乱用防止教室開催状況調査」(2019年)では，薬物乱用防止教室実施率について，小学校78.6%，中学校90.6%，高等学校85.8%となっている。また，薬物乱用防止教室の講師が「警察職員」である割合が，小学校27.8%，中学校38.0%，高等学校48.8%で，学校段階の進行に伴って増加していることが示された。データはやや古いが，文部科学省「小・中学校における交通安全に関する調査報告—地域・教育委員会の取組—」(2009年)は，外部指導者による交通安全教室等の実施状況について，「警察署員の指導による交通安全教室等」84.4%が最も多かったことを示している。さらに，文部科学省「学校の安全管理の取組状況に関する調査(平成21年度実績)」(2010年)では，地域の警察と連携をとる体制の整備の状況について，「警察と連携した防犯訓練・防犯教室の実施」が例示されており，体制整備をしている学校は，小学校96.6%，中学校96.1%，高等学校91.4%となっている。

　こうした実態を鑑みると，各種教室等で，警察関係者が講師として招かれることが，連携の形の一つとして認識され，実施しているように思われる。確かに，日常的な連携であるが，1回限りの単発のもの，あるいは数回程度の短期のものでは，効果の定着は難しいかもしれない。すなわち，継続性の視点を持つことが必要ではないかと考えられる。さらに，一つの学校だけではなく，複数の学校が広域的に展開することで，活動に広がりと深まりが生まれるのではないかと思われる。

　本書では，学校と警察が連携して取り組むボランティア活動を，継続的かつ広域的に実践している事例に着目して，分析・考察を行う。そして，その取組みのポイントを明確にして，実践成果を実証的に示すことで，高等学校と警察が連携したボランティア活動の拡大・定着に寄与する知見を提示することを目的とする。

　　注記
　1) 長沼豊『新しいボランティア学習の創造』ミネルヴァ書房，2008年

2) 林幸克『高校生の市民性の諸相—キャリア意識・規範意識・社会参画意識を育む実践の検証—』学文社，2017年

3) 文部科学省　国立教育政策研究所「平成30年度全国学力・学習状況調査報告書　質問紙調査」2018年

4) 施設数に関して，学校は文部科学省「令和2年度学校基本調査（確定値）」2020年，社会教育施設は文部科学省「平成30年度社会教育統計（社会教育調査報告書）」2020年，警察署は警察庁「令和3年版　警察白書」2021年を参照した。

5) 林幸克「高校教育における社会教育施設の活用に関する実証的研究—博学連携に着目した考察—」『明治大学人文科学研究所紀要』第82冊，2018年

6) 林幸克「高等学校と公共図書館の連携に関する一考察」『図書の譜—明治大学図書館紀要—』第22号，2018年

7) 「協議会」（学校警察連絡協議会又は補導連絡会等の青少年の非行防止に関して警察と連携している組織）とは，警察と学校とが非行防止に関する情報を積極的に交換し，共同して取り組むべき具体的措置についての協議を行うなど，青少年の非行防止に関して協議を行う場として，警察署ごとに，又は市町村その他の区域（中学校区など）ごとに警察と学校とが参加する組織のことをいう。

8) 「学校警察連絡制度」とは，学校と警察の間で，緊密な連携を図るために，協定を締結する等により，相互に児童生徒の個人情報を提供し，非行防止等を図ることを目的とするもののことをいう。

9) 「協定書等」とは，「学校警察連絡制度」について，学校及び警察の間で締結した文書（相互に児童生徒の個人情報を提供し，非行防止等を図ることを目的として，学校警察連絡制度について学校及び警察双方の役割等が記載された連名の文書あるいは相互の文書）のことをいう。

10) 文部科学省　国立教育政策研究所　生徒指導研究センター『学校と関係機関等との連携—学校を支える日々の連携—』（生徒指導資料第4集），東洋館出版社，2011年

11) 警察庁「令和3年版　警察白書」2021年によると，警察署のほかに，交番が6,253箇所，駐在所が6,185箇所ある。

# 第2章
## 青森県における
## 「少年非行防止JUMPチーム」

◆ 第1節
## 「少年非行防止JUMPチーム」の概要

　青森県における学校と警察の連携を考える上で重要な役割を担っているものが「少年非行防止JUMPチーム」（以下，JUMPチームと表記）である[1]。本節では，このJUMPチームについて，警察と連携した活動を開始するに至った経緯，活動状況などを明示する。

### 1. 警察と連携した活動を開始するに至った経緯

　1998年の全国的な少年非行情勢をみると，1951年の第1のピーク，1964年の第2のピーク，1983年の第3のピークに続く戦後第4のピークにあり，青森県でも同様の傾向にあった。少年非行が増加した要因は様々であると考えられる。その中でも，麦島ら[2]が，悪化した環境が放置されていると考える中学生は非行の容認度が高いことを明らかにしているように，環境から受ける影響は看過できないものであり，環境が中学生・高校生の規範意識に与える影響は大きいのではないかと思われる。

　青森県において，警察は，規範意識を醸成するためには，児童生徒自らが非行問題について考え，良いこと・悪いことを判断し，その意識を学校全体に広めることが効果的であると考えた。そして，警察が主導する形で，青森県内の中学校・高等学校に協力依頼を行い，1999年にJUMPチームを結成するに至った。青森県の青少年の現状を鑑みた上で，奉仕に関して，「むりやり一斉に

奉仕活動させるのではなく，青少年が現代の民主社会における市民としての役割や意義について理解を育てられるよう，学校と地域が連携して，ボランティア活動の準備や支援をしていくことのほうが効果的である」ことを示した論考[3]からも，学校と警察が連携することは有意義であり，適切な動きであったといえる。

　その後，2011年には，従来の中学校・高等学校におけるJUMPチームを小学校にも拡充する形で，リトルJUMPチームの結成を呼びかけた。その背景としては，2009年・2010年と触法少年の補導人員が増加し，低年齢少年の非行防止対策を強化する必要があったことが挙げられる。主体性・社会性・勤勉性の欠乏に関して，「小さい頃から社会とかかわる体験，主体的な責任を負う体験を，多様な生活場面で繰り返し行うことにより，少しずつ身に付いていくことである。そのためには，青少年の試行錯誤に，手出しをせず，少し離れて見守りながら支援をする，大人の側の心の余裕や寛容さが必要である。」とした知見[4]や青森県の中学生・高校生対象の質問紙調査から，「喫煙予防教育は，喫煙習慣の確立していない若い世代すなわち高校生よりも中学生，中学生よりも小学生とより低年齢層からの徹底教育が効果を上げるものと考える。」といった見解[5]があるように，小学校へ活動を拡げようとする動きもきわめて妥当なものであったと思われる。

　なお，JUMPチームのシンボルマークであるが，JUMPチームの意思統一と県民への広報啓発を図ることを目的に公募し，JUMPチームが結成された当時（1999年）中学校2年生の男子生徒の作品が選ばれた。

**図2-1　JUMP チームのシンボルマーク**

## 2.「JUMP」の意味

　JUMPチームの「JUMP」は，21世紀を担う青森県の少年がさらに飛躍する，つまり大きく「ジャンプ」して欲しいという願いと，「少年非行防止」（少年Juvenile　非行Misconduct　防止

Prevention）の英語の頭文字をとって命名されたもので，中学生・高校生が構成メンバーである（下線は筆者が付記）。なお，JUMPの命名をしたのは，当時の青森県警察本部生活安全部少年課の職員である。

　JUMPチームの構成メンバーに関して，学校によって実態は多少異なるものの，活動そのものが生徒会活動の中に位置づけられていることが多いため，生徒会役員の生徒が中心になることが多い。

## 3. 活動目的

　JUMPチームは，少年非行の悪化の一つの要因となっていると思われる少年自身の「規範意識の低下」を防ぐために，少年非行防止総合対策の一環として，中学生・高校生が自ら非行防止活動に取り組むことを通じて，規範意識の向上を図ることを目的としている。また，活動に取り組んでいる当事者本人だけではなく，中学生・高校生が相互に非行防止について呼びかけ合い，その活動を通じて学校の仲間，さらには地域住民も一緒になって，県内全体に非行防止の輪を広げることを企図している。

## 4. 活動内容

　学校内外において，様々な活動に取り組んでいる。以下に，具体的な活動内容の例を示す。

### (1) あいさつ運動

　基本的には各学校内での活動となるが，小学校・中学校・高等学校で合同のあいさつ運動を展開するケースもあり，連携の強化，活動の活性化に努めている。

### (2) 非行防止集会

　万引き，自転車盗，占有離脱物横領の防止を呼び掛けている。
【むつ地区】校内いじめ防止標語コンクールの実施（青森県警察本部少年課「JUMPだより」No.48（平成28年年始号）参照）。

## （3）自転車盗難防止のための「鍵かけ，ツーロック運動」

　少年警察ボランティアと合同で，各学校の駐輪場等において，自転車盗難防止の広報啓発とワイヤー錠を配布するなどしている。

## （4）非行防止街頭キャンペーン

　祭会場や繁華街等において，少年警察ボランティア等のボランティアや関係団体と連携して，チラシを配布するなどの広報啓発活動を行っている。

## （5）環境美化活動

　公園のベンチや遊具に対する火遊び，器物損壊，生徒による学校校舎の窓損壊，学校施設に対する器物損壊，地域における落書き等を防止するため，少年警察ボランティアと連携した巡回や校内での呼びかけ活動を行っている。

## （6）連携活動（出前活動）

　中学校や高等学校のJUMPチーム員が，小学校を訪問して非行防止の絵本を読み聞かせるなど，連携強化に資する活動を行っている。

### 表2-1　2016年度各署における JUMP 活動

| | 青森 | 八戸 | 弘前 | 五所川原 | 黒石 | 十和田 | 三沢 | むつ | 実施警察署数 |
|---|---|---|---|---|---|---|---|---|---|
| あいさつ運動 | ○ | | ○ | ○ | | ○ | | ○ | 5 |
| 非行防止ポスターの作成・掲示 | ○ | | | ○ | | ○ | | | 3 |
| 校内非行防止集会・呼びかけ | ○ | | | ○ | | ○ | | ○ | 4 |
| 非行防止街頭キャンペーン | ○ | ○ | ○ | ○ | ○ | ○ | ○ | ○ | 8 |
| 非行防止広報グッズ作成・配布 | ○ | | | ○ | | ○ | | ○ | 5 |
| ツーロック推進活動・自転車盗難防止活動 | ○ | ○ | | ○ | ○ | ○ | ○ | | 6 |
| 環境美化活動 | ○ | ○ | | ○ | | ○ | ○ | | 5 |
| 文化祭における活動紹介・呼びかけ | ○ | ○ | | ○ | | | ○ | ○ | 5 |
| 放課後児童会におけるミニ講話 | ○ | | | | | | | | 1 |
| 「万引きしま宣言」等宣言の採択 | | ○ | | ○ | | | ○ | | 3 |
| 万引き防止ポップ・メッセージカード作成 | | | ○ | | | ○ | | | 2 |
| 地区 JUMP サミット開催 | | | | ○ | | | | | 1 |
| インターネット利用啓発活動 | | | ○ | | | | | | 1 |
| 防災林植栽支援活動 | | | | | | | ○ | | 1 |
| いじめ防止等標語コンクールの実施 | | | | | | ○ | | ○ | 2 |

## （7）非行防止広報啓発活動

各地区で，地域の特色を生かした活動を実施している。

【弘前地区】万引き防止メッセージポップの作成（青森県警察本部少年課「JUMP だより」No.47（平成27年秋号）参照）。

【青森地区】青森ねぶた祭におけるJUMPねぶた運行（同上）。

【黒石地区】万引き防止こけし灯籠づくり（同上）。

## （8）交流・情報交換活動

JUMPスキル・アップ・カンファレンスやJUMP研修会，JUMPチーム委嘱状交付式へ参加している。

### ① JUMPスキル・アップ・カンファレンス

中学校・高等学校のJUMPチーム員に対し，少年警察ボランティア，青森県少年サポートボランティア（picot：ピコット[6]）との交流を通じて，少年非行の実態等についての知識を深めるとともに，自らの規範意識向上及び非行防止活動の一層の推進を図るための検討会であり，2006年度から開催（県内を6ブロックに分けて，毎年3ブロックずつ開催）している。大人のボランティアが参加する理由は，世代間交流により地域社会との絆の強化を図ること，中学生・高校生を厳しくも温かい目で見守る社会気運を醸成することを目的とするためである。

内容に関しては，中学生・高校生を取り巻く情勢に応じてテーマを決定している。また，進め方は，中学生・高校生とボランティアを組み合わせたグループで，テーマについて意見交換をする形が基本となっている。その結果を踏まえて，中学生・高校生が自分たちが守るべきルール・マナーを策定・発表する。そのルール・マナーを各学校に持ち帰り，広報・啓発するとともに，JUMPチームが中心となって実践し，地域社会全体に非行防止の輪を広げることを目指している。また，そこで作成・整理した成果物は，後述するJUMP研修会の会場に掲示され，青森県下すべてのJUMPチームでその知見を共有することになっている。

なお，中学生・高校生の参加に関して，開催会場の所在地によっては，警察

## 表2-2 スキル・アップ・カンファレンス

| 日時 | | 地区 | 場所 | 参加校・人数 | テーマ |
|---|---|---|---|---|---|
| 2015年度 | 7月24日（金） | 青森ブロック | ねぶたの家ワ・ラッセ | 23校・83名 | 「STOP ネットトラブル」〜インターネットを安全・快適に使用するために〜 |
| | 7月29日（水） | 五所川原ブロック | 立佞武多の館 | 21校・77名 | |
| | 7月30日（木） | むつブロック | 下北文化会館 | 14校・68名 | |
| 2016年度 | 7月25日（月） | 弘前ブロック | 青森県武道館 | 11校・84名 | ネット未来創造プロジェクト |
| | 7月26日（火） | 八戸ブロック | 八戸市公会堂 | 28校・114名 | |
| | 7月27日（水） | 十和田ブロック | 十和田市総合体育センター | 15校・81名 | |
| 2017年度 | 7月25日（火） | 五所川原ブロック | 五所川原市民学習情報センター | 19校・59名 | めざせ！ 情報モラルマスター |
| | 7月26日（水） | 青森ブロック | ねぶたの家ワ・ラッセ | 20校・79名 | |
| | 7月27日（木） | むつブロック | むつ来さまい館 | 12校・42名 | |
| 2018年度 | 7月26日（木） | 八戸ブロック | デーリー東北メディアホール | 21校・97名 | めざせ！ 情報モラルマスター |
| | 7月30日（月） | 十和田ブロック | 十和田市民文化センター | 16校・93名 | |
| | 7月31日（火） | 弘前ブロック | 青森県武道館 | 10校・76名 | |
| 2019年度 | 7月23日（火） | 青森ブロック | 青森県総合社会教育センター | 21校・95名 | 育てよう！ 情報モラル インターネットでキズつけない！キズつかない！ |
| | 7月24日（水） | 五所川原ブロック | 五所川原市民学習情報センター | 18校・91名 | |
| | 7月30日（火） | むつブロック | 下北文化会館 | 6校・56名 | |

（注）2017年度より情報モラルフォーラムに名称変更

から大型バスが手配されている。学校側の金銭的負担はなく，利用を希望する近隣の学校の生徒が同乗して，学校と会場を往復している。公共交通機関（特に電車）が発達・充実しているとは言い難い状況下であるため，生徒の移動手段が自転車・徒歩に限定されると，活動にも自ずと制限が生じることが考えられる。その問題が，このバス利用によって解消されていると捉えることが

できる。

## ② JUMP 研修会

　中学校・高等学校のJUMPチーム員，子ども会役員，少年警察ボランティア等が一堂に会し，活動事例の発表等を通じて世代間交流を図り，少年非行や規範意識に対する問題意識を共有し，地域・学校における少年非行防止活動の活性化を図るとともに，各分野の非行防止リーダーを育成することを目的としている。年度によって名称に若干の変更があるが，2000年から毎年開催している。

　JUMPチームの活動が始まった頃から実施していたが，当初は地域の公民館などを利用した小規模なものであった。それが，活動が拡大・定着するに伴っ

**表2-3　JUMP 研修会**

| 日時 | 場所 | 主な内容 |
|---|---|---|
| 2011年11月7日（土）＊少年非行防止リーダー合同研修会 | 青森公立大学 | 【活動事例発表】<br>非行防止活動を通じて〜校内での取組みと学区小学校との連携（青森市立甲田中学校 JUMP チーム）<br>フィルタリングで子ども達を守ろう！　子ども会との連携活動（黒石地区少年警察ボランティア連絡会）<br>第二中 JUMP チームの非行防止活動（八戸市立第二中学校 JUMP チーム）<br>地域ふれあい活動　"灯籠製作のつどい〜ねぶた灯籠に復興の願いを乗せて"（弘前地区少年警察ボランティア連絡会） |
| | | 【特別講演】<br>テーマ：規範意識の醸成に向けて |
| 2012年11月10日（土）＊少年非行防止リーダー合同研修会 | 青森公立大学 | 【活動事例発表】<br>新城中学校 JUMP チーム活動発表〜"革命"の年〜（青森市立新城中学校 JUMP チーム）<br>小中野中 JUMP チーム JUMP 活動（八戸市立小中野中学校 JUMP チーム）<br>地域ふれあい事業 "万引き防止こけし灯籠づくり"〜万引きゼロを願って〜（黒石地区少年警察ボランティア連絡会）<br>自転車盗被害抑止活動〜校内自転車ツーロック率 UP 大作戦!!（弘前工業高等学校 JUMP チーム）<br>本校 JUMP チームの非行防止活動（田名部高等学校大畑校舎 JUMP チーム）<br>三戸高等学校 JUMP チーム活動報告〜 JUMPING チームさば〜（三戸高等学校 JUMP チーム） |
| | | 【パネルディスカッション】<br>テーマ：東北ワースト1位からの脱却〜私たちにできることとは？〜 |

| 日時 | 場所 | 主な内容 |
|---|---|---|
| 2013年11月9日（土）＊心のルール・パワーアップフォーラム[7] | 青森公立大学 | 【活動事例発表】<br>むつ市大畑地区中高 JUMP チーム活動報告（県立田名部高等学校大畑校舎 JUMP チーム）<br>万引き防止活動について〜小・中学校連携の活動から地域への広がり〜（弘前市立第五中学校 JUMP チーム）<br>「マナーを守って買い物をしよう CM」づくりを通して（八戸市立白銀南中学校 JUMP チーム）<br>ひこうぼうしエプロン教室〜子ども達の万引き防止を願って〜（十和田地区少年警察ボランティア連絡会・青森県青少年サポートボランティア picot 十和田）<br>地域ふれあい事業〜三沢地区 JUMP チームによる防災林植栽支援〜（三沢地区少年警察ボランティア連絡会）<br>継承〜非行ゼロ・いじめ撲滅（青森市立筒井中学校 JUMP チーム）<br>SAY NO !!〜自分を守るために〜（三沢市立第二中学校 JUMP チーム）<br>―――――――――――――――――<br>【フォーラムディスカッション】<br>テーマ：ルールを守ろうとする心を育てるには |
| 2014年11月8日（土）＊心のルール・パワーアップフォーラム | 青森公立大学 | 【活動事例発表】<br>小・中連携で広げよう非行防止の輪（弘前市立第五中学校 JUMP チーム）<br>先輩からの伝統を引き継いで（県立三戸高等学校 JUMP チーム）<br>非行防止合同クリーン活動〜地域の一員としての役割を果たす〜（県立大湊高等学校 JUMP チーム，むつ市立大平中学校区 PTA，むつ地区少年警察ボランティア連絡会）<br>進化・躍進プロジェクト〜小・中連携の活動を通した，地域の信頼回復〜（青森市立浪岡中学校 JUMP チーム）<br>JUMP59（青森市立新城中学校 JUMP チーム）<br>―――――――――――――――――<br>【フォーラムディスカッション】<br>テーマ：ネット利用 安全・安心，被害ゼロを目指して |
| 2015年11月7日（土）＊規範意識[8] JUMP 研修会 | 青森公立大学 | 【活動事例発表】<br>いじめをノックアウト（八戸市立中沢中学校 JUMP チーム）<br>南中学校区から広げる万引きストップ活動（弘前市立南中学校 JUMP チーム）<br>絵付けリンゴに込めた僕らの願い〜非行防止＆特殊詐欺防止活動〜（県立五所川原農林高等学校 JUMP チーム）<br>JUMP チームとともに 地域で連携（青森地区少年警察ボランティア連絡）<br>―――――――――――――――――<br>【ディスカッション】<br>テーマ：なくそういじめ 私たちにできること |

| 日時 | 場所 | 主な内容 |
|---|---|---|
| 2016年11月5日（土）＊規範意識 JUMP 研修会 | 青森公立大学 | 【活動事例発表】<br>自分たちにできること　～千葉高から広げる非行防止活動～（千葉学園高等学校 JUMP チーム）<br>飲酒・喫煙しない君がかっこいい　～未成年者の飲酒・喫煙ゼロを目指して～（五所川原市立五所川原第一中学校 JUMP チーム）<br>四和中学校 JUMP チーム校内活動紹介（十和田市立四和中学校 JUMP チーム）<br>小学校における少年非行防止対話集会の開催について（少年サポートボランティア（弘前））<br>青南 "JUMPing Heart" ～学校から地域へ，広げよう非行防止の心～（青森県立青森南高等学校 JUMP チーム）<br><br>【ディスカッション】<br>テーマ：インターネットを安全・安心に利用するために |
| 2017年10月28日（土）＊少年非行防止 JUMP チーム研修会 | 青森公立大学 | 【活動事例発表】<br>二中学区から広げる非行防止の輪（弘前市立第二中学校 JUMP チーム）<br>JUMP チームの青森ねぶたへの参加～ 15年目を迎えて～（青森市立浦町中学校 JUMP チーム JUMP チーム）<br>目指そう!!　地域に愛される学校を（青森県立八戸北高等学校 JUMP チーム）<br><br>【ディスカッション】<br>テーマ：インターネットの安全利用について |
| 2018年11月10日（土）＊少年非行防止 JUMP チーム大会 | 青森県総合学校教育センター | 【活動事例発表】<br>ネットトラブルの罠から仲間を守ろうプロジェクト（弘前市立第五中学校 JUMP チーム）<br>JUMP から発信 "ツーロックはあたりまえ" を目指して（青森県立八戸西高等学校 JUMP チーム）<br>Plus Ultra JUMP ～情報モラル・ジョイント活動～（青森県立青森南高等学校 JUMP チーム）<br><br>【ディスカッション】<br>テーマ：育てよう！　情報モラル |
| 2019年11月9日（土）＊少年非行防止 JUMP チーム大会 | 青森公立大学 | 【活動事例発表】<br>育もう！仲間意識　高めよう！規範意識（青森市立甲田中学校 JUMP チーム）<br>非行防止活動を通して（青森県少年サポートボランティア picot 八戸）<br>石川中 JUMP チームから拡げる非行防止の輪（弘前市立石川中学校 JUMP チーム）<br><br>【ディスカッション】<br>テーマ：育てよう！　情報モラル2019 |

て，研修会の規模も大きくなり，開催会場の確保や生徒の移動手段としてのバスの手配など，予算措置を講じる必要が出てきた。青森県に，特別事業として予算申請・獲得をし，2年ごとに更新されてきたが，2017年度からは一般予算化されることになった。これまでの実績や必要性が認められたことの証左として捉えることができる（2016年7月29日青森県警察本部での聞き取りより）。

### ③ JUMPチーム委嘱状交付式

　学校や市民センターなどで実施することもあれば，警察署に管内の学校の生徒を集めて実施する場合もある。警察署で行う委嘱状交付式には，各学校から代表生徒が1・2名出席し，警察署長から一人一人名前を呼ばれ，委嘱状を受け取る。

　その後，ミニ研修会として，少年非行についての概要説明，各校のJUMPチームの活動目標の発表や活動紹介（DVD視聴）がある。2017年5月25日に青森警察署で行われた研修会では，少年補導職員から，異校種間の連携による活動（ジョイント活動）を重視・推進することが説明された。そのジョイント活動中は，JUMPリーダーの目印としてオレンジ色のベストを着用するとのことであった。

## 5. 結成状況

　小学校の結成率をみると，2011年は2割を切っていたが，翌年は7割になり，3年目からはほぼ100％で推移している。児童の登録率も結成率の上昇に伴って向上し，7％近い状態になっている。

　中学校では，1999年は4割程度の結成率であったが，その後はほぼ100％で推移している。生徒の登録率も増加傾向にあり，2018年度からは7％を超えている。

　高等学校では，1999年の結成率が5割を超えており，翌年からほぼ100％となっている。生徒登録率も増加傾向にあり，約3％で推移しているが，小学生・中学生の登録率と比較するとやや低調である。結成率という点でみると，高等学校・中学校・小学校の順で定着していったことがわかるが，登録率はそれに

表2-4　JUMP チームへの登録状況

| 年度 | 小学校 | | | | 中学校 | | | | 高等学校 | | | |
|---|---|---|---|---|---|---|---|---|---|---|---|---|
| | 登録学校数(校) | 登録児童数(人) | 結成率(%) | 児童登録率(%) | 登録学校数(校) | 登録生徒数(人) | 結成率(%) | 生徒登録率(%) | 登録学校数(校) | 登録生徒数(人) | 結成率(%) | 生徒登録率(%) |
| 1999 | | | | | 79 | 539 | 41.1 | 1.0 | 51 | 338 | 56.0 | 0.6 |
| 2000 | | | | | 175 | 1,316 | 91.1 | 2.5 | 90 | 704 | 98.9 | 1.3 |
| 2001 | | | | | 178 | 1,327 | 92.2 | 2.6 | 91 | 810 | 100.0 | 1.5 |
| 2002 | | | | | 178 | 1,857 | 94.1 | 3.8 | 91 | 1,009 | 100.0 | 1.9 |
| 2003 | | | | | 181 | 2,150 | 96.7 | 4.6 | 88 | 1,196 | 100.0 | 2.4 |
| 2004 | | | | | 180 | 2,199 | 96.7 | 4.8 | 89 | 1,157 | 100.0 | 2.4 |
| 2005 | | | | | 175 | 2,176 | 98.3 | 4.8 | 88 | 1,149 | 98.9 | 2.5 |
| 2006 | | | | | 175 | 2,176 | 100.0 | 4.9 | 88 | 1,148 | 100.0 | 2.6 |
| 2007 | | | | | 178 | 2,813 | 100.0 | 6.4 | 87 | 1,192 | 100.0 | 2.8 |
| 2008 | | | | | 174 | 2,692 | 99.4 | 6.2 | 87 | 1,221 | 100.0 | 2.9 |
| 2009 | | | | | 172 | 2,587 | 99.4 | 6.1 | 87 | 1,177 | 100.0 | 2.8 |
| 2010 | | | | | 172 | 2,556 | 100.0 | 6.2 | 85 | 1,261 | 100.0 | 3.0 |
| 2011 | 57 | 811 | 17.1 | 1.1 | 171 | 2,437 | 100.0 | 6.0 | 84 | 1,258 | 100.0 | 3.1 |
| 2012 | 226 | 3,246 | 70.0 | 4.7 | 170 | 2,540 | 100.0 | 6.5 | 84 | 1,270 | 100.0 | 3.2 |
| 2013 | 303 | 3,986 | 95.9 | 5.9 | 169 | 2,506 | 100.0 | 6.5 | 80 | 1,118 | 100.0 | 2.9 |
| 2014 | 307 | 3,984 | 99.0 | 6.1 | 168 | 2,457 | 100.0 | 6.6 | 80 | 1,144 | 100.0 | 3.0 |
| 2015 | 302 | 4,079 | 100.0 | 6.5 | 165 | 2,242 | 100.0 | 6.1 | 78 | 1,194 | 100.0 | 3.1 |
| 2016 | 293 | 3,918 | 100.0 | 6.5 | 165 | 2,347 | 100.0 | 6.6 | 78 | 1,190 | 100.0 | 3.2 |
| 2017 | 289 | 3,895 | 100.0 | 6.6 | 161 | 2,139 | 100.0 | 6.3 | 76 | 1,145 | 100.0 | 3.2 |
| 2018 | 287 | 3,923 | 100.0 | 6.7 | 162 | 2,244 | 100.0 | 7.0 | 76 | 1,123 | 100.0 | 3.2 |
| 2019 | 281 | 3,875 | 100.0 | 6.8 | 160 | 2,210 | 100.0 | 7.1 | 75 | 1,099 | 100.0 | 3.3 |

比べて決して高くはない状況であるといえる。

## 6. 警察の見解・支援

　警察は，JUMPチームの活動について，次のようなメッセージを送っている。
「「JUMPチーム」は，中学生，高校生が主体となって活動しておりますが，
この少年達の活動を支えるのは，県民の方々の支援です。少年達が活動するた
めには，PTAや地域の方々の皆さんをはじめ，各団体・企業の皆さんまで広
く県民の方々の理解と協力が不可欠です。

そのため，警察としましても，「JUMPチーム」の活動を定着させ，非行防止の輪が県内全域に広がることを願って，必要な情報の提供や県民の皆さんへ「JUMPチーム」についての広報活動を展開しています。」

　広報活動の具体的な動きとしては，広報誌「JUMPだより」の発行（概ね年4回（四半期ごと）の頻度）がある。発行目的等は，以下のとおりである。

【発行目的】

　JUMPチーム員は，毎年入学・卒業によって入れ替わっているが，非行問題を身近な問題として捉えてもらうためにも，継続した適時適切な情報提供と啓発活動の共有が必要であり，JUMPチーム員に対し定期的な情報資料「JUMPだより」の発行をすることで，意識高揚及び活動の活性化を図っている。また，JUMPチームの活動は，学校や保護者，支援団体である少年警察ボランティア等の理解と協力が必要不可欠であることから，活動状況等を掲載した資料を発行して周囲の大人による認識，理解度を深めて支援を得ることにより，JUMPチーム員の活動意欲の向上と活性化も図られる。

　主な掲載内容は，各地区JUMPチームの活動，非行の現状などである。

【配布先】

　　・県内すべてのリトルJUMPチーム員・JUMPチーム員

　　・県内全小学校・中学校・高等学校

　　・各地区少年警察ボランティア

　JUMPチームの活動に関して，学校外で警察と連携した活動に取り組んでいる場合は，対外的にわかりやすいため，活動が活発な印象を受けることがある。その一方で，学校内で独自に，警察と連携しないで活動を展開しているケースもあり，第三者からはわかりにくいこともある。活動の取組み方・場所によって，JUMPチームに対する学校間の温度差があるように見受けられるが，実際は違う。学校内での活動についても警察に情報提供がされ，警察やメディアなどの取材等が可能な状態になっている。また，警察からの情報提供もあり，相互に情報交換を日常的に行っている（2016年7月29日青森県警察本部での聞き取りより）。

◆ 第2節
# 青森県の教育施策とJUMPチーム

## 1. 青森県の青少年教育施策におけるJUMPチームの位置づけ

　ここまでJUMPチームについて概観してきたが，JUMPチームの定着・浸透は，青森県の青少年教育施策等にも反映されており，青森県政にとってJUMPチームは重要な位置づけにあると言っても過言ではない。まず，青森県「わくわくあおもり子育てプラン」(青森県次世代育成支援行動計画　前期計画(平成17年度〜平成21年度)，2005年)及び青森県「わくわくあおもり子育てプラン」(青森県次世代育成支援行動計画　後期計画(平成22年度〜平成26年度)，2010年)をみると，少年非行や不登校などに対する対策の充実について，少年非行等に対する関係機関とのネットワークづくりの推進が示され，その中で「少年非行防止JUMPチームによる非行防止に関する広報啓発活動のサポート等少年非行の防止と健全育成を推進します。」とされている。

　また，青森県警察本部「犯罪に強い青森県の実現に向けた行動計画2010〜安全・安心が実感できる治安の回復〜」(改訂版，2012年)では，子どもを犯罪被害から守り，少年の非行を防止するための対策に関して，少年犯罪への対応と非行を防止するための取組みに，「少年非行防止JUMPチーム及び少年非行防止リトルJUMPチームの育成強化」を挙げている。そして，「小・中・高校生の規範意識の高揚を図るため，JUMPチーム及びリトルJUMPチームに対する情報発信，研修会の開催等を推進して，JUMPチーム及びリトルJUMPチームの育成強化を図ります。」としている。

　さらに，青森県「青森県犯罪のない安全・安心まちづくり推進計画」第3次(平成25年度〜平成27年度)及び第4次(平成28年度〜平成30年度)では，犯罪のない安全・安心まちづくりに向けた地域づくりに関して，児童等の安全確保に関する取組みの推進を掲げている。そのための具体的施策内容に，地域安全マップの作成促進，防犯教室の促進，「少年非行防止JUMPチーム」及び「少年非行防止リトルJUMPチーム」の活動促進，合同サポートチーム「STEPS」

の活動促進，この4つが示された。

　それから，青森県が隔年で発行している「青森の青少年」をみても，JUMP
チームの存在意義が徐々に大きくなっていることが推察できる。JUMPチーム
が結成される前の「青森の青少年　平成9年度版」(1998年) では，当然，
JUMPチームへの言及はまったく見られなかった。それが，JUMPチーム結成
直後から，言及されるようになっている。

　「青森の青少年　平成11年度版」(2000年) では，少年非行防止活動の推進に
関して，「中学生，高校生の規範意識の高揚を図ることを目的に県内全警察署
において，中・高校生による少年非行防止JUMPチームを結成し，薬物乱用
防止街頭キャンペーンや各種行事，会合等における少年非行防止の広報啓発活
動を推進している。」とされ，初めてJUMPチームに関する記述が出てきた。
JUMPチームの結成が周知されているこの内容は，「青森の青少年　平成21年
度版」(2010年) まで継続して掲載されている。

　「青森の青少年　平成15年度版」(2004年) からは，少年の社会参加活動及び
スポーツ活動の推進に関して，「少年が地域の人々や少年相互の触れ合いを通
して，社会の一員としての自覚を育むため，各地区の少年警察ボランティアが
主催して非行防止街頭キャンペーン活動やあいさつ運動，環境美化活動，施設
奉仕活動等に，少年非行防止JUMPチーム員や中学生，高校生も積極的に参
加し，少年の社会参加活動を推進している。」とされた。周知の段階を経て，
活動が具体的・積極的に展開されていることがわかるこの記述は，「青森の青
少年　平成21年度版」(2010年) まで掲載されている。

　「青森の青少年　平成23年度版」(2012年) では，少年の規範意識の醸成活動
の推進について，少年非行防止JUMPチームの活動強化，低年齢少年対策の
推進，この2つの視点で示されている。前者については，「中学生，高校生の
規範意識の高揚を図ることを目的に県内全中学校・高等学校に少年非行防止
JUMPチームを結成し，JUMPチームに必要な情報発信，研修会の開催等によ
るスキルアップとその活動の強化を推進している。」，後者については，「小学
生の規範意識の高揚を図るため，学校・教育委員会との連携を強化し，小学校

におけるリトルJUMPチーム結成に向けた取組を推進している。」とされた。この後者に関しては,「青森の青少年　平成25年度版」(2014年) では,「小学校における少年非行防止リトルJUMPチームによる挨拶運動等各種活動」となっており,その進捗状況がわかる。JUMPチームが,規範意識の向上の役割を担い,さらなる活動強化に向けて進んでいることがわかるこの記述は,「青森県子ども・若者白書　平成27年度版」(2016年) 以降,「青森県子ども・若者白書　令和元年度版」(2020年) まで記載されてる。

## 2. JUMPチームが定着・拡大した背景

　このようにJUMPチームは,青少年の健全育成を推進する上で重要な位置を担うようになったわけであるが,JUMPチームができるまでの諸施策の動向を概観すると首肯できる。青森県におけるボランティア活動,特に,高校生のボランティア活動の活性化に力を入れてきた影響が背景にあるのではないかと推察できるのである。

### (1) 高校生ボランティア活動促進事業

　青少年社会参加促進事業計画において,次の趣旨が示された。
「高校生の自立心や地域連帯感を強め,豊かな心をもった高校生を育成し,活力ある社会を築くことは極めて重要な今日的課題である。このため,青少年健全育成及び生涯教育の観点から高校生の人格形成を助けるとともに,高校生の創意とエネルギーを受け入れ,将来にわたって活力ある県土を築いていくために高校生のボランティア活動を促進し,地域社会の一員としての自覚と関心を深め,豊かな心をもった高校生を育成することを目的に,青少年社会参加促進事業を実施する。」
　この青少年社会参加促進事業は「高校生ボランティア活動促進事業」として1983年度から開始された。「高校生ボランティア活動促進事業要綱」では,「高校生がボランティア活動を通して様々な地域活動へ参加して,地域社会の一員としての自覚と関心を深めるため,その活動の中心となる高校生リーダーの養

成と実践活動をするための場の確保と開発を図る」とされている。具体的には，県内全高等学校を対象に毎年10数校，1校について3年間「ボランティア実践協力校」の指定を行った。事業内容としては，(1) 高校生ボランティア活動推進委員会の設置，(2) 地区高校生ボランティア活動指導者会議の開催，(3) 高校生ボランティア・リーダー養成講座の開催，(4) 高校生によるボランティア実践活動の促進，(5) 高校生ボランティアの集いの開催，(6) 高校生ボランティア活動事例集の発行などがあった。

　それに関連して，「県内の高校生約200名を対象に「高校生ボランティア・リーダー養成講座」を実施し，その修了者が中心となって各校で計画をたて，多彩なボランティア活動を実践したあと，再び代表生徒約300名が一堂に会し，活動発表と反省を行う「高校生ボランティアの集い」を開催」と報告されている[10]。

　「高校生ボランティア活動促進事業」と並行して，1985年度からは「高校生ボランティア・バンク事業[11]」が始まり，1986年度には，「高校生ボランティア活動促進事業」に「高校生ボランティア・バンク事業」を併合して，「高校生ボランティア参加促進事業」と改称された。なお，1991年度で県内全高等学校の指定が終了し，事業も終了した。

　各年度の『高校生ボランティア活動促進事業実践事例集　未来に羽ばたけ』で活動内容を確認したところ，1986年度に1校で2回，警察と高校生 (JRC部，家庭クラブ員，ボランティア登録者) で交通安全指導と危険防止キャンペーンに取り組んでおり，現在のJUMPチームの活動と類似していたが，該当するのはこの1件のみであった。


## (2) 高校生地域貢献推進事業

　2009・2010年度には，高校生地域貢献推進事業が実施された。青森県教育委員会によると[12]，「高校生の地域と連携した主体的な活動を支援することにより，地域貢献と地域活性化を進め，郷土に対する愛着と誇りを持ち，本県に貢献する人材を育成する」ことを企図しているとしている。そして，「本事業では，初年度，推進校7校が，それぞれ設定した地域活性化や観光等のテーマに

ついて，現地調査や研究活動等を実施しました。2年目は，初年度の取組を踏まえ，具体的な実践活動を行い，本年2月には，青森市で「高校生地域貢献サミット」を開催して，2年間にわたる活動の成果を発表するとともに，高校生による地域貢献のあり方についてパネルディスカッションを行いました。」と報告されている。

研究テーマは次のとおりである。

- ・小中高大連携による地元鮫町の調査，情報発信，地域貢献
- ・北津軽の観光を考える
- ・『Aomori City revival plan』in Asamushi～浅虫温泉再生計画～
- ・「八戸の水産業」未来構想を探る
- ・「土手町商店街活性化～好きです！　弘前プロジェクト」
- ・英語を活用した八戸の伝統行事や民芸品の伝承活動
- ・「実体験教育推進事業」～地域ビジネスプランの創造～

JUMPチームの活動が定着し，軌道に乗っていると思われる時期ではあるが，それを同時並行で事業が実施されている。研究テーマをみてもわかるように，JUMPチームの活動とは異なるアプローチであり，高校生の活動に広がりと深みを持たせようとしていることが推察される。


## (3) 高校生スキルアッププログラム

高校生ボランティア活動促進事業と高校生地域貢献推進事業は青森県教育委員会が主催していたのに対して，高校生スキルアッププログラム（2010年度開始）は青森県総合社会教育センターが主催して，今日まで続いている。

「高校生スキルアッププログラム実施要項」では，「学校外における学習への積極的な取組とレポート作成によって，高校生の知識や経験の幅を広げるとともに，社会の変化に柔軟に対応し逞しく生きるための様々なスキルの向上を図ること」が目的とされている。

学校外学習の内容としては，大学の公開講座や市町村民講座等の講座や講演会等，ボランティアやインターンシップ等の体験活動，インターネット・

DVD・ビデオ等映像教材等の視聴，自由課題研究が示されている。

　生徒は，これらの学校外学習1回につき1枚（1,000字程度）以上の「学校外における学習のレポート」を作成する。35単位（概ね1時間の学習で1単位）以上修得した生徒は「高校生スキルアップ認定証」の交付申請が可能となり，在籍校の校長経由で青森県総合社会教育センターに提出される。提出されたレポート等の審査があり，適当と認められた場合に「高校生スキルアップ認定証」が交付される。なお，高等学校においては，プログラムの担当教員を置くこととされている。学校外においてただ活動するだけではなく，その活動実績が「高校生スキルアップ認定証」として認められ，評価されることは，高校生の学習への動機づけとなると思われる。特に，レポート作成が活動の振り返り，自己を省察する機能を果たしていると推察され，重要な役割を担っている。

　このように高校生のボランティア活動等に関して，県全体で支援する土壌があったからこそ，JUMPチームの活動が根付いていったのではないかと考えられる。


### (4) 高校生のボランティア活動に関する調査結果の蓄積

　これだけの実践を展開できたのは，確固たる根拠を有していたからである。青森県では高校生のボランティア活動に関して様々な調査が行われており，そこで得られた知見が実践として具現化していると捉えることができる。ここでは，設問「高校生のボランティア活動を活発にするために，何が必要だと思いますか」（複数回答）に対する回答状況を確認する。[13)

　「小さいころからボランティア活動になじませる」に関して，教員調査・保護者調査では最上位に，2回の高校生調査においても上位であった。また，「活動に関する学習の機会（養成講座等）を多くする」については，教員調査と保護者調査で，2番目に多かった。高校生調査では，「他校の生徒と交流できるようにする」や「活動に関する情報や資料を提供する」が比較的多かった。いずれの調査もJUMPチームが始まる前に実施されたものであるが，小さいころからボランティア活動に取り組むことが高校生の活動が活発になるという思

**表2-5　高校生のボランティア活動を活発にするために必要なこと（複数回答）**

(%)

|  | 高校生調査 | | 教員調査 | | | 保護者調査 |
|---|---|---|---|---|---|---|
|  |  |  | 小学校 | 中学校 | 高等学校 |  |
|  | 1985年 | 1992年 | 1994年 | | | 1995年 |
| 小さいころからボランティア活動になじませる | 19.3 | 35.1 | 41.8 | 37.4 | 37.0 | 36.1 |
| 活動について保護者の理解を深める | 3.7 | 4.6 | 3.2 | 4.9 | 1.8 | 10.7 |
| 活動について先生の理解を深める | 2.0 | 2.7 | 3.0 | 1.7 | 1.2 | 2.7 |
| 活動について高校生の理解を深める | 19.3 | 36.8 | 9.7 | 8.9 | 10.5 | 30.9 |
| 他校の生徒と交流できるようにする | 30.6 | 27.9 | — | — | — | — |
| 活動に関する学習の機会（養成講座等）を多くする | 16.7 | 27.0 | 11.5 | 12.1 | 12.9 | 30.9 |
| 活動のための費用や用具を援助する | 12.5 | 13.4 | 2.8 | 0.9 | 3.6 | 10.9 |
| 活動に関する情報や資料を提供する | 22.1 | 41.2 | 9.7 | 10.3 | 8.4 | 26.6 |
| 活動に関する社会的評価を高める | — | 31.3 | 7.5 | 11.2 | 12.3 | 15.5 |
| 学校の職員組織にボランティア担当者を位置づける | — | — | 0.5 | 3.7 | 2.4 | 9.6 |

いを高校生・教員・保護者が共有しており，JUMPチームに対する理解が得られやすい土壌があったことがわかる。また，学習機会の充実や他校の生徒との交流など，ボランティア活動を活発にするために必要と思われることが，現在のJUMPチームの活動に盛り込まれている。

　こうしたJUMPチームの活動の推進の一助になる三者の意識の下，その中身も，それぞれの意向に合致した内容としていることが，JUMPチームの定着・拡大につながったのではないかと考えられる。


◆ **第3節**
# JUMPチームの活動による効果

## 1.　高等学校における調査結果からの考察

【調査対象校の概略】

　青森市内にある全日制普通科高等学校で，2015年度の卒業生の進路は，四

年制大学への進学が約70％, 短期大学・専門学校への進学が約10％, 就職が約6％であった。JUMPチームの活動に関しては, 校務分掌の生徒指導部の中に特別活動指導があり, その中の生徒会活動（執行委員会）に「JUMP活動」が位置づけられている。

## 調査A：高校生対象質問紙調査

2016年9月から10月に, 高校生711名に対して, 質問紙調査を実施した。684名から回答を得て, すべての質問項目に漏れなく回答している645名分の回答を分析対象とした。回答者の内訳は, **表2-6**の通りである。

主な質問内容は, 自己認識に関する内容24項目[14], 規範意識に関する内容29項目[15], これまでに取り組んだ活動, 警察に対するイメージ, JUMPチームの認知度・活動状況などである。

### 表2-6　回答者の内訳

（上段：人数, 下段カッコ内：％）

|  | 1年生 | 2年生 | 3年生 | 合計 |
|---|---|---|---|---|
| 男子 | 99<br>(15.3) | 109<br>(16.9) | 93<br>(14.4) | 301<br>(46.7) |
| 女子 | 121<br>(18.8) | 101<br>(15.7) | 122<br>(18.9) | 344<br>(53.3) |
| 合計 | 220<br>(34.1) | 210<br>(32.6) | 215<br>(33.3) | 645<br>(100.0) |

## 調査B：高校生対象聞き取り調査

2016年8月31日に生徒会執行委員の生徒7名に対して, 半構造化インタビューを実施した。内訳は, 高校1年生女子2名（A, B）合同で約20分間, 高校2年生男子1名（C）・女子1名（D）の2人合同で約30分間, 高校1年生男子3名（E, F, G）合同で約30分間である。主な聞き取り内容は, 小学生時代・中学生時代のJUMPチームの活動経験, 高校でJUMPチームの活動をしてみての感想, 現在のJUMPチームの活動についてなどである。なお, 以下, 本文中

の口述記録の下線は筆者が付記したものである。

### 調査C：教員対象聞き取り調査

2016年7月28日に教員2名（生徒指導部の教諭1名（A先生）と講師1名（B先生））に対して，合同で約1時間の半構造化インタビューを実施した。主な聞き取り内容は，JUMPチームの具体的な活動内容，高校生がJUMPチームで活動する意義，教員から見た高校生のJUMPチームの認識，JUMPチームと学校経営との関連，警察との円滑な連携のために求められること，JUMPチームの課題と今後の展望などである。なお，以下，本文中の口述記録の下線は筆者が付記したものである。

### （1）JUMPチームに関する現状

設問「「JUMPチーム」の活動を知っていますか」に対して，全体では，約7割の生徒が「はい」と回答した。男女別にみると，「はい」の回答が，女子の方が男子より多かった（$\chi^2(1)=14.95$, $p<.001$）。学年による有意な差は見られなかった。

設問「「JUMPチーム」の活動をしたことがありますか」に対する「はい」の回答を見てみる。小学生の時は，約1割であった。男女差は認められなかったが，学年進行に伴い数値が減少していた（$\chi^2(2)=21.67$, $p<.001$）。中学生の時は，2割強であった。男女差・学年差はなかった。高校生では，「現在活動している」と「過去に活動していたが，今は活動していない」を合わせて，1割に満たない。男女差・学年差に顕著な差は認められなかった。なお，**表2-4**で確認したように，2016年度の高校生の登録率が3.2％であることを勘案すると，JUMPチームの活動経験のある生徒の割合がやや多い学校であるといえる。

これらの結果から，7割の生徒は「JUMPチーム」の存在を知っていること，特に女子の認知度が高いことがわかった。実際に活動体験に関しては，小学生約1割，中学生2割強，高校生1割未満で，中学生の時の体験が比較的多いことが示された。また，小学生時の体験については，1年生で多かったことも特

**表2-7 「JUMP チーム」に関する現状**

（上段：人数，下段カッコ内：％）

| | | 全体 | 男子 | 女子 | 1年生 | 2年生 | 3年生 |
|---|---|---|---|---|---|---|---|
| 活動の認知<br>（知っている） | はい | 453<br>(70.2) | 189<br>(62.8) | 264<br>(76.7) | 159<br>(72.3) | 149<br>(71.0) | 145<br>(67.4) |
| | いいえ | 192<br>(29.8) | 112<br>(37.2) | 80<br>(23.3) | 61<br>(27.7) | 61<br>(29.0) | 70<br>(32.6) |
| 小学生の時の<br>活動経験<br>（したことが<br>ある） | はい | 63<br>(9.8) | 31<br>(10.3) | 32<br>(9.3) | 37<br>(16.8) | 18<br>(8.6) | 8<br>(3.7) |
| | いいえ | 582<br>(90.2) | 270<br>(89.7) | 312<br>(90.7) | 183<br>(83.2) | 192<br>(91.4) | 207<br>(96.3) |
| 中学生の時の<br>活動経験<br>（したことが<br>ある） | はい | 151<br>(23.4) | 66<br>(21.9) | 85<br>(24.7) | 53<br>(24.1) | 50<br>(23.8) | 48<br>(22.3) |
| | いいえ | 494<br>(76.6) | 235<br>(78.1) | 259<br>(75.3) | 167<br>(75.9) | 160<br>(76.2) | 167<br>(77.7) |
| 高校生に<br>なってからの<br>活動経験 | 現在活動<br>している | 14<br>(2.2) | 9<br>(3.0) | 5<br>(1.5) | 7<br>(3.2) | 5<br>(2.4) | 2<br>(0.9) |
| | 過去に活動していたが，<br>今は活動していない | 31<br>(4.8) | 17<br>(5.6) | 14<br>(4.1) | 8<br>(3.6) | 7<br>(3.3) | 16<br>(7.4) |
| | 活動した<br>ことはない | 600<br>(93.0) | 275<br>(91.4) | 325<br>(94.5) | 205<br>(93.2) | 198<br>(94.3) | 197<br>(91.6) |

徴的である。

　JUMPチームへの登録状況（**表2-4**参照）で確認したように，2016年度現在の結成率は，小学校・中学校・高等学校とも100％である。また，調査対象者が中学生の時も100％である。しかし，高校1年生が小学校6年生であった時（2012年）の結成率が70％であったのに対して，高校2年生の同時期（2011年）は17％，高校3年生の同時期（2010年）には，小学校にはまだできていなかった。体験状況の差異の背景には，こうした要因があるのかもしれない。

　また，従前から地域に根差した活動が展開されていた影響があるのか，あるいは，自分の学校にJUMPチームがあるということを認知していても，自分の取り組んでいる活動がJUMPチームの活動であるのか否か，明確に捉えているわけではない面があるものと思われる。

A

　私は中学校時代も生徒会に入ってて，JUMPチームだったんです。JUMPチームとしての活動は，中体連の時の呼びかけとかをしてました。生徒会としての活動とJUMPチームとしての活動の区別が分からないというか。あとは近くの青森の小中学生の代表が集まって交流をしようっていうのがあったんで，それに参加したりもしました。


B先生

　小学校のときからそうやって，JUMPチームっていう言葉自体はきっと耳にはずっと入っているものだと思うんですね。そこから小中から，高校まで。自分でJUMPチームの活動をしてたって認識があるかどうかは，どうなんでしょうね。


## (2) JUMPチームの活動経験の効果

　それでは，JUMPチームの活動経験とこれまでに取り組んだことがある活動，自己認識，規範意識がどのような関係にあるのかをみてみる。JUMPチームの活動経験について，小学生・中学生・高校生のいずれかの時に活動したことがある生徒181名（以下，「断続群」），小学生・中学生・高校生と継続して活動している生徒8名（以下，「継続群」），まったく活動したことがない生徒456名（以下，「なし群」）に分けて比較検討を行った。


## ① これまでに取り組んだことがある活動

　これまでに取り組んだことがある活動についてみると，「継続群」は，「1. 万引き防止啓発活動」（$\chi^2(2)=101.54$, p<.001），「2. 自転車盗難防止活動」（$\chi^2(2)=71.08$, p<.001），「3. 非行防止キャンペーン」（$\chi^2(2)=90.42$, p<.001），「5. いじめ撲滅キャンペーン」（$\chi^2(2)=22.44$, p<.001）が多かった。「断続群」は，「4. 薬物乱用防止キャンペーン」（$\chi^2(2)=24.49$, p<.001），「6. あいさつ運動」（$\chi^2(2)=31.18$, p<.001），「7. 環境美化活動」（$\chi^2(2)=7.78$, p<.05）で多かった。

## 表2-8　これまでに取り組んだことがある活動

(上段：人数, 下段カッコ内：%)

| | 断続群 | 継続群 | なし群 |
|---|---|---|---|
| 1. 万引き防止啓発活動 | 79<br>(43.6) | 5<br>(62.5) | 45<br>(9.9) |
| 2. 自転車盗難防止活動 | 30<br>(16.6) | 5<br>(62.5) | 13<br>(2.9) |
| 3. 非行防止キャンペーン | 76<br>(42.0) | 4<br>(50.0) | 45<br>(9.9) |
| 4. 薬物乱用防止キャンペーン | 48<br>(26.5) | 2<br>(25.0) | 50<br>(11.0) |
| 5. いじめ撲滅キャンペーン | 36<br>(19.9) | 3<br>(37.5) | 37<br>(8.1) |
| 6. あいさつ運動 | 157<br>(86.7) | 6<br>(75.0) | 294<br>(64.5) |
| 7. 環境美化活動 | 80<br>(44.2) | 3<br>(37.5) | 148<br>(32.5) |

　すべての活動において，「継続群」あるいは「断続群」の方が取り組んだことがある割合が多かった。ただ，「なし群」についても，「6. あいさつ運動」と「7. 環境美化活動」については，比較的取り組まれていることがわかった。なお，「7. 環境美化活動」に関しては，非行抑止効果があることが実証されていること[16), 17)]，環境浄化だけではなく非行防止につながるという知見があることから[18)]，後述する青森県全体の刑法犯少年の減少の一助となっているものと思われる。

　生徒は，自分自身がJUMPチームの活動として取り組んでいなくても，身近で活発にあいさつ運動などが行われていることを体感しており，活動に対する親和性が高いものと思われる。また，JUMPチームの活動であるか否かを意識しないで活動する場合も想定される。そのため，特にこの「6. あいさつ運動」と「7. 環境美化活動」への取組み状況が高くなっているのではないかと考えられる。


D

　私は中学校の時も，小学校の時もやったことがなくて，他の人たちがやって

るのを客観的に見てる感じだけでしたね。

（筆者：JUMPチームっていう言葉は聞いたことは？）

　聞いたことがあって，校内でも，活動，あいさつ運動とかはしてるのは見たことはありますけども，自分自身で中学校・小学校時代に活動したことはないです。


F

　中学校でやったことはなかったんですけど，周りであいさつ運動やってる人はたくさんいたんで，あいさつちゃんと返したりしたりとかも。


G

　僕も経験はないんですけど，周りが中学校の時代は生徒会，小学校の時代は委員会という団体で，あいさつ運動していました。しているのを見ていて，やっぱりあいさつが，大切なんだなと思いました。


A先生

　4月のクリーン作戦とあいさつ運動は，大事な活動ということで，生徒指導部の教員から部の顧問に提案し，「こういう活動しますので，賛同してくださる部活動は声掛けしてください」ということで活動を一緒にやっています。……運動部も文化部も両方ありますね。文化部は吹奏楽委員会とか，自然科学部とか，JRC部とか，今年は総勢360名でした。あいさつ運動も日替わりの当番制で行っていますが，入れ代わり，延べ人数だと結構多いんですよね。2・3年生が全校生徒を対象にあいさつの励行を呼びかけています。


## ② 自己認識

　自己認識に関して，設問「普段のあなたにどの程度あてはまりますか。」で，「まったくあてはまらない」1点，「あまりあてはまらない」2点，「どちらともいえない」3点，「ややあてはまる」4点，「とてもあてはまる」5点として平均

## 表2-9　自己認識

（左：平均値，右カッコ内：標準偏差）

| | 断続群 | | 継続群 | | なし群 | | F値 | 多重比較 |
|---|---|---|---|---|---|---|---|---|
| (1) 積極的に周りの人と関わりをもつことができている | 3.66 | (1.06) | 3.75 | (1.17) | 3.73 | (1.09) | 0.32 | ― |
| (2) 全体的に他人を信じることができている | 3.35 | (1.14) | 3.63 | (1.60) | 3.63 | (1.08) | 5.31** | 断続群＜なし群 |
| (3) 人のためになることを積極的にすることができている | 3.66 | (0.88) | 4.00 | (0.76) | 3.62 | (0.94) | 0.64 | ― |
| (4) 今自分がいるグループや集団に自主的に加わっている | 3.76 | (1.06) | 3.75 | (1.58) | 3.85 | (1.06) | 0.51 | ― |
| (5) 今の自分に満足している | 3.01 | (1.13) | 3.00 | (1.60) | 3.11 | (1.18) | 0.27 | ― |
| (6) 進んで人の役に立つことをすることができている | 3.45 | (0.97) | 4.13 | (0.99) | 3.43 | (0.99) | 2.02 | ― |
| (7) 今の自分を大切にしている | 3.63 | (1.05) | 3.88 | (1.13) | 3.71 | (1.05) | 0.60 | ― |
| (8) 自分が今いるグループや集団の人たちを信頼することができている | 3.81 | (1.07) | 3.13 | (1.89) | 4.06 | (1.04) | 5.57** | 断続群＜なし群，継続群＜なし群 |
| (9) 自分から進んで人の輪の中に入ることができている | 3.55 | (1.12) | 3.13 | (1.46) | 3.62 | (1.16) | 1.07 | ― |
| (10) 欠点も含めて自分のことが好きだ | 2.87 | (1.23) | 3.50 | (1.31) | 3.04 | (1.19) | 2.68 | ― |
| (11) 自分から進んで人と信頼関係をつくることができている | 3.51 | (1.11) | 3.75 | (1.49) | 3.62 | (1.07) | 1.35 | ― |
| (12) 周囲の人々のために自主的に行動することができている | 3.48 | (1.00) | 4.00 | (0.93) | 3.58 | (1.02) | 1.82 | ― |
| (13) 自分が今いるグループや集団の一員であることを実感している | 3.71 | (1.05) | 3.25 | (1.67) | 3.88 | (1.05) | 2.95 | |
| (14) 頼りにできる人がいる | 4.14 | (1.00) | 3.88 | (1.55) | 4.24 | (1.03) | 1.15 | ― |
| (15) 自分には何かしら誇れるものがある | 3.45 | (1.23) | 3.63 | (1.77) | 3.62 | (1.19) | 1.41 | ― |

| | 断続群 | | 継続群 | | なし群 | | F 値 | 多重比較 |
|---|---|---|---|---|---|---|---|---|
| (16) 困っている人に対して積極的に手助けすることができている | 3.76 | (1.00) | 3.88 | (0.84) | 3.84 | (0.96) | 1.13 | — |
| (17) 自分が集団や社会のメンバーであるという自覚がある | 3.73 | (1.03) | 4.00 | (1.07) | 3.85 | (1.03) | 0.87 | — |
| (18) 誰に対しても思いやりをもって接することができている | 3.73 | (0.94) | 3.75 | (0.89) | 3.87 | (0.98) | 1.33 | — |
| (19) 自分自身に納得している | 3.08 | (1.15) | 3.63 | (1.30) | 3.29 | (1.13) | 2.55 | — |
| (20) 他人のためでも自ら進んで力を尽くすことができている | 3.67 | (0.93) | 3.88 | (1.13) | 3.69 | (1.02) | 0.32 | — |
| (21) 他人は自分をだましたりはしないと感じることができている | 3.20 | (1.20) | 3.25 | (1.67) | 3.36 | (1.16) | 2.07 | — |
| (22) 自分で自分自身を認めることができている | 3.27 | (1.15) | 3.63 | (1.41) | 3.41 | (1.11) | 1.66 | — |
| (23) 周囲の人との活動に積極的に参加している | 3.57 | (1.06) | 3.63 | (1.51) | 3.62 | (1.07) | 0.17 | — |
| (24) 周りの人を無闇に疑ったりは決してしない | 3.50 | (1.11) | 4.50 | (0.76) | 3.65 | (1.12) | 5.48** | 断続群＜継続群, 断続群＜なし群 |

**\*\* p<.01：自由度はいずれも（2,642）**

点・標準偏差を算出した（5点満点）。なお，一元配置分散分析を行い，有意差が認められた項目について，Tukey法による多重比較をした結果，「(2) 全体的に他人を信じることができている」で「断続群」＜「なし群」，「(8) 自分が今いるグループや集団の人たちを信頼することができている」で「断続群」＜「なし群」，「継続群」＜「なし群」，「(24) 周りの人を無闇に疑ったりは決してしない」で「断続群」＜「継続群」，「断続群」＜「なし群」であった。

「継続群」に着目すると，「(3) 人のためになることを積極的にすることができている」，「(6) 進んで人の役に立つことをすることができている」，「(12) 周

囲の人々のために自主的に行動することができている」,「(24) 周りの人を無
闇に疑ったりは決してしない」などで得点が高く,他者のために献身的に行動
しようとする利他意識が高いことがわかる。また,「(10) 欠点も含めて自分の
ことが好きだ」,「(19) 自分自身に納得している」,「(22) 自分で自分自身を認
めることができている」などでも得点が高く,等身大の自分を受け入れようと
する自己受容感が高いことも示された。

　他方,「(8) 自分が今いるグループや集団の人たちを信頼することができて
いる」,「(9) 自分から進んで人の輪の中に入ることができている」,「(13) 自
分が今いるグループや集団の一員であることを実感している」などで,記述統
計による直接的な比較では,「断続群」・「なし群」より得点が低く,所属集団
に対する親和性や一体感・信頼感が低調であることがわかった。

　この結果から,「継続群」は,自分受容を基盤として他者のために行動しよ
うとする自己充実感につながる側面の意識が高い一方で,集団の中において自
己存在感を感得することはあまりできていないものと推察される。内向的意識
が高く,外向的意識が低いと解釈できるのかもしれない。

　JUMPチームの活動が自分自身に与える影響について,生徒がどのように捉
えているのかをみてみると,自己成長に関わる側面を意識していることがわかる。


B

　こうやって人に言うから,自分はそれよりももっとしなきゃいけないなとは
すごく思います。イジメとかも呼びかける側にいるので,絶対しないようにし
ないとみたいな,それはあります。


A

　私,JUMPチームって中学校の頃からやってたんですけど,生徒会入って本
当に人間が変わったんですよ。もっとクズな人間だったんで,言っちゃえば。
本当にそういう人の上に立つっていう仕事を通して自分が成長できたなっての
はすごく感じますし,Bがさっき言ったようにいろんな活動を通して,何だろ

うこう，当たり前のレベルが上がったっていうか，もっといいことしなきゃ当たり前じゃないよってなって，自分がより高まってればいいなって思います。

　その一方で，JUMPチームの今後について，学校内外の交流の必要性を提示している。これは，内向的意識に対して低調な外向的意識を補完・強化しようとしている一端であるのではないかと思われる。

A
　JUMPチームとしての活動なのか分かんないですけど，他の学校の生徒会と交流をしてみたいです。それぞれの学校のリーダーじゃないですか。それぞれの学校をどのようにしてるかとか，その学校の特色とか，生徒会として何をしてるかとかを知りたいってのはすごくあります。

B
　そう，活動とかしてるので，3年生とかと1年生は関わる機会とか全然ないので，JUMPチームとかで関わってみたいなとかはあります。こういうのを一緒にやりたいんで。

C
　中学校とか小学校と違って高校だと距離があるので，少し難しいかなとは思うんですけど。リーダー研修会っていうので他の高校と話し合ってとか，他の高校ではこんな活動しているんだとか，そういうのがあって。でも僕たちだけだとできないことというのも結構あって。なのでそういうことを一緒にできたらいいなと思います。

E
　生徒会もついて部活単位で何か，そういう小学生と連携した活動をしたり，夏休みとかの長期の休みのときに，新町があるんですけど，そういう所に出向

いて，地域の方ではない他の地域の人たちにもあいさつとかできれば，もっと良くなっていくのかなと思います。JUMPチームで，他の学校のJUMPチームと，もっと関わって，他の学校ではどうなの？とか聞いたりして，そういう反省点を踏まえて，高校でもいろいろ活動していけたらいいなと思ってます。

### ③ 規範意識

　規範意識について，設問「人々の次のようなふるまいを目にしたとき，あなたはどの程度「迷惑だ」と感じますか」で，「まったく感じない」1点，「あまり感じない」2点，「どちらともいえない」3点，「やや感じる」4点，「非常に感じる」5点として平均点・標準偏差を算出した（5点満点）。なお，一元配置分散分析を行い，有意差が認められた項目について，Tukey法による多重比較をした結果，3群間に有意差が認められる項目はなかった。

　「継続群」に着目すると，「(12) 交通量の多い場所で，並列して自転車に乗っていること」，「(13) 人通りの激しい場所で，グループが横になって歩くこと」などで得点が高く，交通マナーに関する意識が高いことがわかる。また，「(27) 授業中に，授業と関係のないことを友達としゃべること」でも得点が高く，私語に対する意識の高さもうかがえる。

　その一方で，「(1) 空き缶をポイ捨てすること」，「(3) 公衆トイレに落書きをすること」，「(19) バイキング形式の食事で，食べきれないほどの料理をとってきて残すこと」，「(20) 一度手にした商品を元の場所に戻さないこと」，「(22) 夜中に，近所へ聞こえるほどの大きな音で音楽を聴くこと」などで，記述統計による直接的な比較では，「断続群」・「なし群」より得点が低く，相手が特定されないような身近で生起し得る事柄に関するマナーに関しては，意識がそれほど高くないことがわかった。

　この結果から，「継続群」は，交通マナー違反などの実害を伴うことに関しては意識が高く，公衆マナーに反していても直接的な実害が発生しないと思われることについては，意識が低調であるのではないかと考えられる。

　ここまで自己認識と規範意識について概観してきた中で，「断続群」と「な

## 表2-10　規範意識

（左：平均値，右カッコ内：標準偏差）

| | 断続群 | | 継続群 | | なし群 | | F値 | 多重比較 |
|---|---|---|---|---|---|---|---|---|
| (1) 空き缶をポイ捨てすること | 4.24 | (1.01) | 4.00 | (1.41) | 4.41 | (0.83) | 2.32 | ― |
| (2) ごみを分別せずに捨てること | 3.82 | (1.04) | 3.75 | (1.39) | 4.02 | (0.94) | 2.52 | ― |
| (3) 公衆トイレに落書きをすること | 4.30 | (1.06) | 4.00 | (1.41) | 4.41 | (0.91) | 1.36 | ― |
| (4) 散歩させている犬のフンを始末しないこと | 4.69 | (0.65) | 4.50 | (0.76) | 4.72 | (0.62) | 0.45 | ― |
| (5) 路上にかんだガムを捨てること | 4.62 | (0.70) | 4.50 | (0.76) | 4.65 | (0.71) | 0.16 | ― |
| (6) 駅や学校付近で，指定された区域以外に自転車等を置くこと | 3.69 | (1.11) | 3.50 | (1.51) | 3.68 | (1.07) | 0.13 | ― |
| (7) 電車やバスの中で，グループの人同士が大きな声でおしゃべりをすること | 4.43 | (0.86) | 4.38 | (1.06) | 4.45 | (0.85) | 0.06 | ― |
| (8) 電車やバスなどで，混んでいるのに席をつめないこと | 4.44 | (0.92) | 4.38 | (1.19) | 4.51 | (0.81) | 0.31 | ― |
| (9) 電車やバスの中で携帯電話をかけること | 4.09 | (1.08) | 3.88 | (1.36) | 4.06 | (1.13) | 0.22 | ― |
| (10) 電車やバスに乗るために，並んで待っている人たちの横から割り込もうとすること | 4.77 | (0.57) | 4.75 | (0.71) | 4.80 | (0.54) | 0.16 | ― |
| (11) 自転車に乗りながら，あるいは歩きながら携帯電話をかけること | 3.57 | (1.20) | 3.50 | (1.31) | 3.73 | (1.12) | 1.17 | ― |
| (12) 交通量の多い場所で，並列して自転車に乗っていること | 4.21 | (1.04) | 4.50 | (0.76) | 4.26 | (0.92) | 0.73 | ― |
| (13) 人通りの激しい場所で，グループが横になって歩くこと | 4.48 | (0.84) | 4.75 | (0.71) | 4.53 | (0.76) | 0.73 | ― |
| (14) 夜，無灯火のままで自転車にのること | 3.96 | (1.08) | 3.63 | (1.51) | 4.00 | (1.10) | 0.45 | ― |

| | 断続群 | | 継続群 | | なし群 | | F値 | 多重比較 |
|---|---|---|---|---|---|---|---|---|
| (15) 他人の自転車を倒してそのままにすること | 4.47 | (0.88) | 4.50 | (0.93) | 4.59 | (0.74) | 1.37 | ― |
| (16) コンビニの前にたむろして，話をしていること | 3.93 | (1.17) | 3.75 | (1.28) | 3.95 | (1.10) | 0.12 | ― |
| (17) 火事や交通事故の現場を見に行くこと | 3.30 | (1.29) | 3.63 | (1.30) | 3.39 | (1.21) | 0.82 | ― |
| (18) 混雑しているレストランで，荷物だけを先に置いて席取りすること | 3.71 | (1.26) | 3.63 | (1.60) | 3.73 | (1.20) | 0.06 | ― |
| (19) バイキング形式の食事で，食べきれないほどの料理をとってきて残すこと | 4.03 | (1.01) | 3.63 | (1.06) | 4.06 | (1.08) | 0.69 | ― |
| (20) 一度手にした商品を元の場所に戻さないこと | 4.12 | (1.11) | 3.63 | (1.30) | 4.10 | (1.00) | 0.87 | ― |
| (21) 病院，映画館，レストランなどで大きな声をだしたり笑ったりすること | 4.56 | (0.73) | 4.63 | (0.74) | 4.56 | (0.76) | 0.04 | ― |
| (22) 夜中に，近所へ聞こえるほどの大きな音で音楽を聴くこと | 4.38 | (0.95) | 4.00 | (1.51) | 4.49 | (0.83) | 2.24 | ― |
| (23) 間違い電話をかけてもあやまらずに切ってしまうこと | 3.84 | (1.20) | 3.38 | (1.51) | 4.01 | (1.14) | 2.86 | ― |
| (24) 買う気がないのに，本屋で立ち読みをすること | 2.98 | (1.21) | 3.25 | (1.39) | 2.97 | (1.27) | 0.21 | ― |
| (25) 友達に「お金を貸して」と頼むこと | 3.38 | (1.25) | 3.13 | (1.36) | 3.53 | (1.24) | 0.79 | ― |
| (26) 授業や講演会などで，携帯電話のスイッチを切らなかったり，マナーモードにしないこと | 3.99 | (1.14) | 4.00 | (1.41) | 4.03 | (1.15) | 0.04 | ― |
| (27) 授業中に，授業と関係のないことを友達としゃべること | 3.38 | (1.22) | 3.88 | (1.13) | 3.63 | (1.13) | 2.57 | ― |

| | 断続群 | | 継続群 | | なし群 | | F 値 | 多重比較 |
|---|---|---|---|---|---|---|---|---|
| (28) 授業や講演会が始まっていても，音を立てて入ってくること | 4.09 | (1.06) | 4.38 | (0.92) | 4.13 | (1.03) | 0.28 | ― |
| (29) 図書館で声の大きさを気にしないでしゃべること | 4.50 | (0.78) | 4.50 | (0.76) | 4.56 | (0.76) | 0.30 | ― |

自由度はいずれも（2,642）

し群」の得点が同程度であるケースが多かった。JUMPチームに対する認識でも確認したように，生徒は，その活動がJUMPチームの活動であるか否かは意識していない。ただ，取り組んでいる活動内容は同一である。同じ活動内容であれば，そこから受ける影響も大きく異なることはないものと思われる。しかし，そこに継続性が加味されると，捉え方が変わってくるということなのかもしれない。生徒自身は，JUMPチームの活動であることを意識することも重要であるが，それよりも，活動そのものを拡大することの方に重きを置いているようである。

C

　実は去年なんかはJUMPチームにみんな入ってるってこと知らなくて，冬ぐらいに実はみんな入ってるんだよっていうことを先生に言われて，そんな感じで始まりまして。当然それまでほとんど活動していなかったわけで。そんな感じなので今年も1年生はいつ知ったのかと思って。多分知らなかったんじゃないかなと長いこと思うんですね。なのでちゃんとJUMPチームってあるものなんだと，みんな入ってるんだとこの集団は。まず自分たちで知っておかなければならないなと思います。あと今生徒会しかやっていませんが，本当だったら生徒会執行部以外の生徒も有志でも何でもJUMPチームに入って活動できれば，ここの集団だけじゃなくなって閉鎖的な感じはなくなるんじゃないかと思います。

D

　校内でさっき言ったように生徒会の人も知らなかったし，生徒会しか今は活動していないので，多分今年からだっけ，規律委員会ってできたの。去年までなかったよね。多分そうだったんですよ。規律委員会っていう名前になったのが今年からで。多分規律委員会も今ちゃんとした活動してないと思うんですよ。私も思うんですけど。多分そんなにしてないと思うから，一緒に活動できたらいいなって思います。規律委員会とも連携をしていって，JUMPチームの例えば非行防止のミニ講話[19]を一緒にやるだとか，あいさつ運動も一緒にやるとか。一緒にやっていけば学校の中でもJUMPチームっていう認知度が上がるんではないかなと思います。

### ④ 警察に対するイメージ

　警察に対するイメージについて，「親切な（1点）〜不親切な（5点）」，「頼もしい（1点）〜頼りない（5点）」，「優しい（1点）〜厳しい（5点）」，「陽気な（1点）〜陰気な（5点）」，「親しみやすい（1点）〜親しみにくい（5点）」の5項目で平均点・標準偏差を算出した（5点満点）。なお，一元配置分散分析を行い，有意差が認められた項目について，Tukey法による多重比較をした結果，3群間に有意差が認められる項目はなかった。

　警察との関わりから考えると，「継続群」と「断続群」の方が交流する頻度が高く，JUMPチームとしての働きかけ方に関して，様々な助言を受けていると思われる。その中で，活動を充実させるために，場合によっては苦言を呈されることもあるのかもしれない。その一方で，あいさつ運動や交通安全指導などの一時的・受身的な関わりであれば，否定的な印象は残らないのではないかと考えられる。ただ，JUMPチームの活動を通して様々な場面を共有することで，印象は大きく好転する可能性がある。生徒の声からもその一端を推察できる。

### 表2-11　警察に対するイメージ

(左：平均値，右カッコ内：標準偏差)

| | 断続群 | | 継続群 | | なし群 | | F値 | 多重比較 |
|---|---|---|---|---|---|---|---|---|
| 親切な(1)〜<br>不親切な(5) | 2.46 | (1.05) | 2.63 | (1.19) | 2.33 | (1.04) | 1.28 | ─ |
| 頼もしい(1)〜<br>頼りない(5) | 2.45 | (1.19) | 2.63 | (1.19) | 2.37 | (1.16) | 0.44 | ─ |
| 優しい(1)〜厳しい(5) | 2.79 | (1.19) | 3.13 | (1.36) | 2.59 | (1.16) | 2.50 | ─ |
| 陽気な(1)〜陰気な(5) | 3.01 | (0.93) | 3.13 | (0.84) | 2.89 | (0.94) | 1.21 | ─ |
| 親しみやすい(1)〜<br>親しみにくい(5) | 3.45 | (1.18) | 3.13 | (0.99) | 3.25 | (1.14) | 2.02 | ─ |

自由度はいずれも (2,642)

A

　警察って，公務員っていう，なんかお堅いみたいなところあったので，<u>こんなに気さくに話せる方いらっしゃるんだなあって思いました</u>。

B

　ミニ講話のときの人たちとお話とかして，こう何ていうの，<u>気楽にお話しできるのがすごいびっくりしました</u>。

D

　イメージとしてはすごく堅苦しいイメージで。やっぱりすごく真面目で堅苦しくて，ちょっと関わりづらいなみたいなイメージがあったんですけれども，<u>基本皆さん親切</u>でそういうふうに親切にしないとやっぱりこう，ああ非行とかってしちゃいけないんだみたいな。やっぱり堅苦しいと，何なんだよこいつらみたいな感じで思って，やっぱりやめない人とかも多分いると思うんですけど，<u>ああやって親切な方がたくさんいるから，心が自分自身もきっと落ち着いて，ああ非行はしちゃいけないんだなって思ってくれる</u>ので。そういうところは多分私の中では見方はちょっと変わりました。

E

　ちょっと前までは，堅い感じで，ちょっと怖そうっていうイメージがあった
んですけど，なんか，現状とか聞きに行ったときに，すごい，優しく説明して
くれて，柔らかい感じのイメージに変わりました。


F

　警察，優しいし，しっかりと，サポートもしっかりしてくれてすごいなと，
あと，他にすごいなと思ったことは，講話終わった後花火大会で，会ったんで
すよ。そのときに，しっかり，顔覚えててくれて，おおって，ちゃんと顔覚え
ててくれたんだって，すごいなと思いました。優しいんだなって，すごい優し
いいい感じのイメージに。


G

　イメージは，やっぱり，警察なので，堅苦しいような怖い，少し怖いイメー
ジがあったんですけど，一緒にこの，ミニ講話を成功させるために活動してい
く中で，その警察の人の人柄とか，優しさが分かったなと思います。


　「青少年全体を対象として，警察に対する態度をより好意的なものにしよう
とする施策をとるよりも，むしろ犯罪被害を通報してきた青少年や，法執行や
補導活動の対象になった青少年に対して，警察がきめ細かな対応をすることが
より効果的であるように思われる。」とする知見があるが，これは一部あるい
は特定の生徒を対象として想定しているもので，すべての生徒を対象にする意
識が欠如していると思われる。それを補完する意味で，JUMPチームというす
べての生徒が関わることが可能な実践を通して，警察に対する高校生の意識が
どのように変容するのか，その検証が待たれるところであり，今後の研究課題
でもあるといえよう。

### ⑤ 因子分析等の結果・考察

まず，自己認識に関する24項目を用いて，探索的因子分析（最尤法・プロマックス回転）を実施した。その結果，固有値1以上の因子が4つ認められた。固有値の推移は，第Ⅰ因子から順に12.823，1.830，1.308，1.171であり，固有値の減衰状況と因子のスクリープロットの形状及び因子解釈可能性から総合的に検討し，4因子が適当であると判断した。

第Ⅰ因子は，因子負荷量の高い項目が「(1) 積極的に周りの人と関わりをもつことができている」「(9) 自分から進んで人の輪の中に入ることができている」「(4) 今自分がいるグループや集団に自主的に加わっている」などであることから「自発的関与」と命名した。第Ⅱ因子は，因子負荷量の高い項目が「(20) 他人のためでも自ら進んで力を尽くすことができている」「(16) 困っている人に対して積極的に手助けすることができている」「(6) 進んで人の役に立つこと

### 表2-12　自己認識に関する因子分析

| | 第Ⅰ因子 | 第Ⅱ因子 | 第Ⅲ因子 | 第Ⅳ因子 | 共通性 | 平均値 | （標準偏差） |
|---|---|---|---|---|---|---|---|
| **第Ⅰ因子「自発的関与」（α = .935）** | | | | | | | |
| (1) 積極的に周りの人と関わりをもつことができている | .96 | -.02 | .01 | -.12 | .74 | 3.71 | (1.08) |
| (9) 自分から進んで人の輪の中に入ることができている | .91 | -.04 | .04 | -.04 | .76 | 3.60 | (1.15) |
| (4) 今自分がいるグループや集団に自主的に加わっている | .80 | .01 | -.09 | .09 | .66 | 3.83 | (1.07) |
| (11) 自分から進んで人と信頼関係をつくることができている | .71 | .08 | .07 | .08 | .77 | 3.59 | (1.08) |
| (23) 周囲の人との活動に積極的に参加している | .65 | .13 | .06 | .10 | .74 | 3.61 | (1.06) |
| (13) 自分が今いるグループや集団の一員であることを実感している | .51 | .06 | .02 | .32 | .68 | 3.83 | (1.05) |

| | 第Ⅰ因子 | 第Ⅱ因子 | 第Ⅲ因子 | 第Ⅳ因子 | 共通性 | 平均値 | （標準偏差） |
|---|---|---|---|---|---|---|---|
| **第Ⅱ因子「貢献感」（α = .932）** | | | | | | | |
| （20）他人のためでも自ら進んで力を尽くすことができている | -.08 | .91 | .04 | .03 | .75 | 3.69 | (1.00) |
| （16）困っている人に対して積極的に手助けすることができている | .03 | .84 | .06 | .02 | .72 | 3.82 | (0.97) |
| （6）進んで人の役に立つことをすることができている | .01 | .80 | .09 | .07 | .67 | 3.44 | (0.98) |
| （18）誰に対しても思いやりをもって接することができている | -.13 | .76 | .08 | .25 | .65 | 3.83 | (0.97) |
| （3）人のためになることを積極的にすることができている | .27 | .68 | .03 | .06 | .69 | 3.63 | (0.93) |
| （12）周囲の人々のために自主的に行動することができている | .34 | .60 | .06 | .08 | .73 | 3.55 | (1.01) |
| （17）自分が集団や社会のメンバーであるという自覚がある | .11 | .50 | .06 | .17 | .58 | 3.82 | (1.03) |
| **第Ⅲ因子「自己受容」（α = .901）** | | | | | | | |
| （10）欠点も含めて自分のことが好きだ | .11 | -.15 | .93 | .10 | .73 | 2.99 | (1.20) |
| （19）自分自身に納得している | -.09 | .13 | .88 | .07 | .74 | 3.23 | (1.14) |
| （22）自分で自分自身を認めることができている | -.13 | .02 | .86 | .12 | .77 | 3.37 | (1.12) |
| （5）今の自分に満足している | .07 | -.07 | .67 | .10 | .53 | 3.08 | (1.17) |
| （7）今の自分を大切にしている | .06 | .05 | .55 | .19 | .58 | 3.69 | (1.04) |
| （15）自分には何かしら誇れるものがある | .06 | .20 | .52 | -.05 | .44 | 3.57 | (1.20) |

| | 第Ⅰ因子 | 第Ⅱ因子 | 第Ⅲ因子 | 第Ⅳ因子 | 共通性 | 平均値 | (標準偏差) |
|---|---|---|---|---|---|---|---|
| **第Ⅳ因子「信頼感」（α = .867）** | | | | | | | |
| (24) 周りの人を無闇に疑ったりは決してしない | -.05 | .00 | -.01 | .80 | .58 | 3.61 | (1.12) |
| (8) 自分が今いるグループや集団の人たちを信頼することができている | .12 | -.06 | -.02 | .78 | .66 | 3.99 | (1.06) |
| (21) 他人は自分をだましたりはしないと感じることができている | -.12 | .07 | .09 | .71 | .55 | 3.32 | (1.17) |
| (2) 全体的に他人を信じることができている | .11 | -.05 | .07 | .70 | .62 | 3.55 | (1.11) |
| (14) 頼りにできる人がいる | .04 | .17 | -.07 | .57 | .48 | 4.21 | (1.02) |
| 因子寄与 | 10.13 | 10.39 | 8.71 | 9.43 | | | |
| 因子間相関 Ⅰ | | .75 | .60 | .70 | | | |
| Ⅱ | | | .64 | .69 | | | |
| Ⅲ | | | | .64 | | | |

Kaiser-Meyer-Olkin の測度：.958，Bartlett 検定：p<.001

をすることができている」などであることから「貢献感」と命名した。第Ⅲ因子は，因子負荷量の高い項目が「(10) 欠点も含めて自分のことが好きだ」「(19) 自分自身に納得している」「(22) 自分で自分自身を認めることができている」などであることから「自己受容」と命名した。第Ⅳ因子は，因子負荷量の高い項目が「(24) 周りの人を無闇に疑ったりは決してしない」「(8) 自分が今いるグループや集団の人たちを信頼することができている」などであることから「信頼感」と命名した。なお，Cronbach の α 係数を用いて各下位尺度の内的整合性を検討したところ，「自発的関与」(6項目).935，「貢献感」(7項目).932，「自己受容」(6項目).901，「信頼感」(5項目).867で，因子構造の明確さと信頼性の高さが十分に確認された。

　次に，規範意識に関する29項目を用いて，探索的因子分析（最尤法・プロマックス回転）を実施した。その結果，固有値1以上の因子が5つ認められた。

固有値の推移は，第Ⅰ因子から順に，10.624, 1.955, 1.531, 1.194, 1.023であり，固有値の減衰状況と因子のスクリープロットの形状から4因子構造とも考えられた。そこで，再度因子数を変えながら分析を行い，結果を比較検討した。因子解釈可能性を加味して総合的に検討し，最終的に4因子を抽出することが適当であると判断した。さらに，いずれの因子にも高い負荷量（.40以下）をもたない5項目を削除し，改めて4因子を指定した因子分析（最尤法・プロマックス回転）を実施した。

　第Ⅰ因子は，因子負荷量の高い項目が「(24) 買う気がないのに，本屋で立ち読みをすること」「(17) 火事や交通事故の現場を見に行くこと」などであることから「生活節度」と命名した。第Ⅱ因子は，因子負荷量の高い項目が「(10) 電車やバスに乗るために，並んで待っている人たちの横から割り込もうとすること」「(29) 図書館で声の大きさを気にしないでしゃべること」などであることから「騒音礼儀」と命名した。第Ⅲ因子は，因子負荷量の高い項目が「(1) 空き缶をポイ捨てすること」「(3) 公衆トイレに落書きをすること」などであることから「公衆道徳」と命名した。第Ⅳ因子は，「(12) 交通量の多い場所で，並列して自転車に乗っていること」「(13) 人通りの激しい場所で，グループが横になって歩くこと」の項目で構成されていることから「交通道徳」と命名した。なお，Cronbachの $\alpha$ 係数を用いて各下位尺度の内的整合性を検討したところ，「生活節度」（11項目）.886，「騒音礼儀」（4項目）.731，「公衆道徳」（5項目）.812，「交通道徳」（2項目）.810で，因子構造の明確さと信頼性の高さが十分に確認された。

## 表2-13　規範意識に関する因子分析

| | 第Ⅰ因子 | 第Ⅱ因子 | 第Ⅲ因子 | 第Ⅳ因子 | 共通性 | 平均値 | （標準偏差） |
|---|---|---|---|---|---|---|---|
| **第Ⅰ因子「生活節度」（$\alpha$ = .886）** | | | | | | | |
| (24) 買う気がないのに，本屋で立ち読みをすること | .81 | −.20 | .06 | .03 | .54 | 2.97 | (1.25) |
| (17) 火事や交通事故の現場を見に行くこと | .79 | −.15 | .05 | .01 | .56 | 3.36 | (1.23) |

| | 第Ⅰ因子 | 第Ⅱ因子 | 第Ⅲ因子 | 第Ⅳ因子 | 共通性 | 平均値 | （標準偏差） |
|---|---|---|---|---|---|---|---|
| （18）混雑している レストランで，荷物 だけを先に置いて席 取りすること | .64 | .09 | -.08 | .01 | .42 | 3.73 | (1.22) |
| （27）授業中に，授業 と関係のないことを 友達としゃべること | .64 | .13 | .11 | .05 | .47 | 3.56 | (1.16) |
| （25）友達に「お金を 貸して」と頼むこと | .60 | .04 | .01 | .02 | .37 | 3.49 | (1.24) |
| （26）授業や講演会 などで，携帯電話の スイッチを切らなか ったり，マナーモー ドにしないこと | .54 | .30 | .03 | .14 | .46 | 4.02 | (1.15) |
| （11）自転車に乗り ながら，あるいは歩 きながら携帯電話を かけること | .50 | -.04 | .12 | .20 | .45 | 3.69 | (1.15) |
| （6）駅や学校付近 で，指定された区域 以外に自転車等を置 くこと | .49 | -.07 | .24 | .15 | .51 | 3.68 | (1.08) |
| （23）間違い電話を かけてもあやまらず に切ってしまうこと | .49 | .21 | .00 | .06 | .35 | 3.96 | (1.16) |
| （19）バイキング形 式の食事で，食べき れないほどの料理を とってきて残すこと | .46 | .20 | .08 | .04 | .38 | 4.05 | (1.06) |
| （28）授業や講演会 が始まっていても， 音を立てて入ってく ること | .43 | .40 | .11 | .03 | .46 | 4.12 | (1.04) |

**第Ⅱ因子「騒音礼儀」（α＝.731）**

| | 第Ⅰ因子 | 第Ⅱ因子 | 第Ⅲ因子 | 第Ⅳ因子 | 共通性 | 平均値 | （標準偏差） |
|---|---|---|---|---|---|---|---|
| （10）電車やバスに 乗るために，並んで 待っている人たちの 横から割り込もうと すること | -.10 | .65 | .12 | .11 | .38 | 4.79 | (0.54) |
| （29）図書館で声の 大きさを気にしない でしゃべること | .04 | .61 | .00 | .13 | .50 | 4.54 | (0.77) |

| | 第Ⅰ因子 | 第Ⅱ因子 | 第Ⅲ因子 | 第Ⅳ因子 | 共通性 | 平均値 | （標準偏差） |
|---|---|---|---|---|---|---|---|
| (21) 病院，映画館，レストランなどで大きな声をだしたり笑ったりすること | .07 | .58 | .00 | .07 | .43 | 4.56 | (0.76) |
| (22) 夜中に，近所へ聞こえるほどの大きな音で音楽を聴くこと | .23 | .54 | .05 | .02 | .42 | 4.46 | (0.86) |
| **第Ⅲ因子「公衆道徳」（α＝.812）** | | | | | | | |
| (1) 空き缶をポイ捨てすること | .06 | -.07 | .81 | .01 | .64 | 4.36 | (0.89) |
| (3) 公衆トイレに落書きをすること | .10 | .03 | .69 | .03 | .56 | 4.38 | (0.95) |
| (2) ごみを分別せずに捨てること | .24 | -.05 | .59 | .02 | .50 | 3.96 | (0.97) |
| (5) 路上にかんだガムを捨てること | -.19 | .34 | .56 | .03 | .50 | 4.64 | (0.71) |
| (4) 散歩させている犬のフンを始末しないこと | -.20 | .39 | .46 | .01 | .41 | 4.71 | (0.63) |
| **第Ⅳ因子「交通道徳」（α＝.810）** | | | | | | | |
| (12) 交通量の多い場所で，並列して自転車に乗っていること | .01 | -.09 | .00 | 1.02 | .98 | 4.25 | (0.96) |
| (13) 人通りの激しい場所で，グループが横になって歩くこと | -.05 | .31 | .04 | .60 | .58 | 4.51 | (0.79) |
| 因子寄与 | 6.46 | 5.07 | 4.88 | 4.23 | | | |
| 因子間相関 | | .52 | .54 | .52 | | | |
| | | | .50 | .53 | | | |
| | | | | .47 | | | |

Kaiser-Meyer-Olkin の測度：.918，Bartlett 検定：p<.001

## 1) JUMPチームの活動経験による比較

　小学生・中学生の時，高校生になってから，JUMPチームの活動経験の有無によって，自己認識と規範意識に差異があるか，対応のないt検定を用いて2群の平均値差を検定した。その結果，自己認識を構成する「信頼感」におい

**表2-14　小学生・中学生の時・高校生になってからの JUMP チームの活動経験による比較**

（左：平均値，右カッコ内：標準偏差）

| | | 全体（n=645） | | 活動経験あり<br>（n=189） | | 活動経験なし<br>（n=456） | | t 値 |
|---|---|---|---|---|---|---|---|---|
| 自己認識 | 自発的関与 | 22.17 | (5.64) | 21.71 | (5.62) | 22.36 | (5.64) | 1.34 |
| | 貢献感 | 25.77 | (5.80) | 25.43 | (5.61) | 25.91 | (5.88) | 0.97 |
| | 自己受容 | 19.94 | (5.62) | 19.35 | (5.52) | 20.18 | (5.65) | 1.73 |
| | 信頼感 | 18.68 | (4.43) | 17.93 | (4.20) | 18.99 | (4.49) | 2.87** |
| 規範意識 | 生活節度 | 40.63 | (8.72) | 40.00 | (8.77) | 40.89 | (8.69) | 1.18 |
| | 騒音礼儀 | 18.36 | (2.20) | 18.22 | (2.26) | 18.41 | (2.18) | 1.01 |
| | 公衆道徳 | 22.05 | (3.17) | 21.72 | (3.51) | 22.19 | (3.01) | 1.62 |
| | 交通道徳 | 8.76 | (1.60) | 8.68 | (1.73) | 8.80 | (1.54) | 0.78 |

＊＊ p<.01

て，「活動経験あり」よりも「活動経験なし」の方が有意に高かった。また，自己認識の他の3因子及び規範意識では，有意差は認められなかったものの，平均値は「活動経験なし」の方が高かった。

### 2）高校在学中のJUMPチーム活動に対する意欲による比較

　高校在学中のJUMPチームの活動をする意欲の有無で差異があるか，1要因分散分析を用いて3群の平均値差を検定した。その結果，「自発的関与」「貢献感」「信頼感」「生活節度」「騒音礼儀」「公衆道徳」「交通道徳」について0.1％水準で，「自己受容」については5％水準で有意差が認められた。続けて，Tukey法による多重比較を行った結果，「自発的関与」「貢献感」「生活節度」「騒音礼儀」「公衆道徳」「交通道徳」について，「活動意欲あり」と「活動意欲なし」の間，「どちらともいえない」と「活動意欲なし」の間に有意な差が認められ，「活動意欲あり」「どちらともいえない」の得点が高かった。また，「自己受容」「信頼感」について，「どちらともいえない」と「活動意欲なし」の間に有意な差が認められ，「どちらともいえない」の得点が高かった。

**表2-15　高校在学中の JUMP チームの活動に対する意欲による比較**

(左：平均値, 右カッコ内：標準偏差)

| | | 1：活動意欲あり (n=50) | | 2：どちらともいえない (n=267) | | 3：活動意欲なし (n=328) | | F値 | 多重比較 |
|---|---|---|---|---|---|---|---|---|---|
| 自己認識 | 自発的関与 | 24.48 | (5.24) | 22.99 | (4.75) | 21.15 | (6.14) | 12.85 *** | 1>3, 2>3 |
| | 貢献感 | 28.70 | (4.67) | 26.84 | (5.09) | 24.44 | (6.16) | 20.73 *** | 1>3, 2>3 |
| | 自己受容 | 20.82 | (5.51) | 20.57 | (5.13) | 19.28 | (5.94) | 4.60 * | 2>3 |
| | 信頼感 | 19.24 | (4.50) | 19.60 | (3.95) | 17.85 | (4.63) | 12.42 *** | 2>3 |
| 規範意識 | 生活節度 | 43.50 | (8.44) | 42.60 | (7.59) | 38.59 | (9.14) | 19.64 *** | 1>3, 2>3 |
| | 騒音礼儀 | 18.92 | (1.58) | 18.69 | (1.90) | 18.00 | (2.45) | 9.12 *** | 1>3, 2>3 |
| | 公衆道徳 | 22.96 | (2.70) | 22.70 | (2.55) | 21.39 | (3.54) | 15.31 *** | 1>3, 2>3 |
| | 交通道徳 | 9.18 | (1.12) | 8.90 | (1.42) | 8.59 | (1.78) | 4.64 *** | 1>3, 2>3 |

* p<.05，*** p<.001　自由度はいずれも（2,642）

## 3）これまでの取組みによる比較

　JUMPチームでの活動か否かに関係なく，これまでに取り組んだことがある活動によって差異があるか，1要因分散分析を用いて3群の平均値差を検定した。その結果，「自発的関与」「貢献感」「公衆道徳」について1％水準で，「生活節度」「騒音礼儀」について5％水準で有意差が認められた。なお，**表2-8**中のこれまでの取組みに関する3群は，7項目（万引き防止啓発活動，自転車盗難防止活動，非行防止キャンペーン，薬物乱用防止キャンペーン，いじめ撲滅キャンペーン，あいさつ運動，環境美化活動）について取組み状況を合算して，取り組んだ活動がない場合を「取組活動なし」，取り組んだ活動が1つの場合を「取組活動1」，取り組んだ活動が2つ以上の場合を「取組活動2以上」とした。

　Tukey法による多重比較を行った結果，「自発的関与」「貢献感」「生活節度」「騒音礼儀」「公衆道徳」について，「取組活動なし」と「取組活動2以上」の間に有意な差が認められ，「取組活動2以上」の得点が高かった。また，「貢献感」について，「取組活動1」と「取組活動2以上」の間に有意な差が認められ，「取組活動2以上」の得点が高かった。「騒音礼儀」については，「取組活

### 表2-16　これまでに取り組んだことがある活動による比較

(左：平均値，右カッコ内：標準偏差)

| | | 1：取組活動なし (n=140) | | 2：取組活動1 (n=197) | | 3：取組活動2 以上 (n=308) | | F値 | 多重比較 |
|---|---|---|---|---|---|---|---|---|---|
| 自己認識 | 自発的関与 | 20.89 | (5.87) | 21.64 | (5.96) | 22.90 | (5.20) | 6.45** | 1<3 |
| | 貢献感 | 24.58 | (5.94) | 25.32 | (6.02) | 26.59 | (5.48) | 6.71** | 1<3, 2<3 |
| | 自己受容 | 19.15 | (5.53) | 19.86 | (5.87) | 20.34 | (5.47) | 2.20 | n.s. |
| | 信頼感 | 18.01 | (4.80) | 18.73 | (4.63) | 18.96 | (4.09) | 2.24 | n.s. |
| 規範意識 | 生活節度 | 38.87 | (9.23) | 40.57 | (8.39) | 41.46 | (8.59) | 4.31* | 1<3 |
| | 騒音礼儀 | 17.91 | (2.58) | 18.52 | (2.04) | 18.46 | (2.10) | 3.70* | 1<2, 1<3 |
| | 公衆道徳 | 21.24 | (3.88) | 22.05 | (3.15) | 22.43 | (2.74) | 6.98** | 1<3 |
| | 交通道徳 | 8.61 | (1.72) | 8.77 | (1.65) | 8.82 | (1.52) | 0.83 | n.s. |

\* $p<.05$, \*\* $p<.01$　自由度はいずれも (2.642)

動なし」と「取組活動1」の間に有意な差が認められ，「取組活動1」の得点が高かった。

　ここまでの結果から，JUMPチームの活動経験と自己認識・規範意識との関係について考察すると，全県で小学生の時から活動に取り組まれているものの，自己認識・規範意識とも，JUMPチームの活動経験のない方で得点が高かった。すなわち，JUMPチームの活動をすれば，自己認識・規範意識が高くなるわけではないことが示された。

　本研究で調査を行った高等学校の学校要覧（平成28年5月1日）をみると，学校経営方針の生徒指導に関する内容に次の記述がある。

　ア　全教職員の共通理解に基づく指導体制を構築し，挨拶の励行，遅刻防止
　　　等に努め，基本的生活習慣の確立を図る。

　イ　家庭・地域・関係機関との連携を図り，問題行動等の未然防止，早期発
　　　見・早期対応に努める。

　ウ　ホームルーム活動や学校行事を通して，生徒間及び生徒・教師間の望ま
　　　しい人間関係を育成する。

エ　部活動・生徒会活動の活性化を図り，豊かな心を育む。

　このことから，JUMPチームの活動に左右されることなく，学校全体として生徒の自己認識・規範意識の向上に努めており，それが今回の結果に反映されたのではないかと思われる。

　その一方で，高校在学中のJUMPチームの活動への参加意欲による差異をみると，「活動意欲あり」が自己認識・規範意識とも高かった。また，JUMPチームの活動に限定せず，これまでに取り組んだことがある活動に関して，「取組活動2以上」が自己認識・規範意識とも高いことが明らかになった。そこで，JUMPチームの活動経験と活動意欲の関係，JUMPチームの活動経験とこれまでの取組みの関係に焦点を当てて分析を進める。

### 4）JUMPチームの活動経験と高校在学中の活動意欲の関係

　JUMPチームの活動経験と高校在学中のJUMPチームの活動意欲を要因とする2（活動経験あり，活動経験なし）×3（活動意欲あり，どちらともいえない，活動意欲なし）の分散分析を行った。その結果，すべての因子で，活動意欲の主効果が認められた。活動意欲についてTukey法による多重比較を行った結果，「信頼感」を除く7因子について，「活動意欲あり」の得点が最も高く，以下，「どちらともいえない」「活動意欲なし」となった。

　「自発的関与」「貢献感」「生活節度」「騒音礼儀」「公衆道徳」「交通道徳」について，「活動意欲あり」と「活動意欲なし」の間，「どちらともいえない」と「活動意欲なし」の間に有意な差が認められ，「活動意欲あり」「どちらともいえない」の得点が高かった。「自己受容」「信頼感」について，「どちらともいえない」と「活動意欲なし」の間に有意な差が認められ，「どちらともいえない」の得点が高かった。また，「信頼感」「生活節度」では，活動経験の主効果も認められ，「活動経験なし」の方が有意に得点が高かった。

### 5）JUMPチームの活動経験とこれまでの取組み

　JUMPチームの活動経験とこれまでの取組みを要因とする2（活動経験あり，

**表2-17 JUMP チームの活動経験と高校在学中の活動意欲を2要因とする分散分析**

(左：平均値、右カッコ内：標準偏差)

| | | 活動経験あり | | | 活動経験なし | | | F値 | | |
| --- | --- | --- | --- | --- | --- | --- | --- | --- | --- | --- |
| | | 活動意欲あり<br>(n=28) | どちらともいえない<br>(n=80) | 活動意欲なし<br>(n=81) | 活動意欲あり<br>(n=22) | どちらともいえない<br>(n=187) | 活動意欲なし<br>(n=247) | 主効果<br>活動経験 | 主効果<br>活動意欲 | 交互<br>作用 |
| 自己認識 | 自発的関与 | 24.39 (5.25) | 21.90 (5.11) | 20.59 (5.94) | 24.59 (5.35) | 23.45 (4.52) | 21.33 (6.20) | 1.76 | 10.98*** | 0.48 |
| | 貢献感 | 28.86 (4.47) | 25.34 (5.30) | 24.33 (5.85) | 28.50 (5.00) | 27.49 (4.87) | 24.48 (6.27) | 1.03 | 15.25*** | 2.24 |
| | 自己受容 | 20.75 (5.68) | 19.68 (5.00) | 18.54 (5.87) | 20.91 (5.42) | 20.96 (5.15) | 19.53 (5.96) | 1.64 | 4.08* | 0.21 |
| | 信頼感 | 18.93 (4.20) | 18.36 (4.17) | 17.16 (4.15) | 19.64 (4.92) | 20.13 (3.75) | 18.07 (4.76) | 5.34* | 9.26*** | 0.69 |
| 規範意識 | 生活節度 | 42.04 (8.57) | 41.75 (7.75) | 37.57 (9.27) | 45.36 (8.09) | 42.97 (7.51) | 38.92 (9.09) | 4.20* | 17.58*** | 0.33 |
| | 騒音礼儀 | 18.57 (1.67) | 18.36 (2.42) | 17.96 (2.27) | 19.36 (1.36) | 18.83 (1.62) | 18.02 (2.51) | 3.15 | 6.77** | 0.87 |
| | 公衆道徳 | 22.79 (2.99) | 22.03 (3.43) | 21.05 (3.66) | 23.18 (2.34) | 22.98 (2.01) | 21.51 (3.50) | 2.97 | 12.11*** | 0.44 |
| | 交通道徳 | 8.82 (1.25) | 8.81 (1.69) | 8.51 (1.92) | 9.64 (1.73) | 8.94 (1.29) | 8.62 (1.73) | 3.74 | 4.61* | 1.07 |

\* p<.05, \*\* p<.01, \*\*\* p<.001　　自由度はいずれも (5,639)

活動経験なし）×3（取組活動なし，取組活動1，取組活動2以上）の分散分析を行った。その結果，「自己受容」を除く7因子について，活動経験の主効果と取組活動の主効果が認められた。

　活動経験について，7因子すべてで「活動経験あり」より「活動経験なし」の得点が高かった。取組活動についてTukey法による多重比較を行った結果，「騒音礼儀」を除く6因子で，「取組活動2以上」の得点が最も高く，以下，「取組活動1」「取組活動なし」となった。「自発的関与」「生活節度」「公衆道徳」において，「取組活動なし」と「取組活動2以上」の間に有意な差が認められ，「取組活動2以上」の得点が高かった。「貢献感」で，「取組活動なし」と「取組活動2以上」の間，「取組活動1」と「取組活動2以上」の間に有意な差が認められ，「取組活動2以上」の得点が高かった。「騒音礼儀」で，「取組活動なし」と「取組活動1」の間，「取組活動なし」と「取組活動2以上」の間に有意な差が認められ，「取組活動1」「取組活動2以上」の得点が高かった。

　また，「公衆道徳」「交通道徳」では，交互作用が認められた。「公衆道徳」「交通道徳」とも，「活動経験あり」では取組活動の状況によって得点差の開きが比較的大きかったが，「活動経験なし」では得点差が小さくなった。

　これらの結果から，JUMPチームの活動経験と今後の活動意欲の関係から捉えると，「活動経験なし」×「活動意欲あり」の生徒の得点が高いこと，「活動経験あり」の中でも「活動意欲あり」の生徒の得点が高いことから，これまでのJUMPチームでの活動経験よりも，今後の活動意欲が重要になると考えられる。

　また，活動経験とこれまでの取組みの関係からみると，「活動経験なし」×「取組活動2以上」の生徒の得点が高いこと，「活動経験あり」の中でも「取組活動2以上」の生徒の得点が高いことから，JUMPチームの活動に限らず，これまでどの程度活動に取り組んできたのかがポイントになると思われる。「活動経験なし」の生徒の中でも，今後の活動意欲があること，これまでの活動の蓄積があることによって，自己認識・規範意識が高くなっていたと推察できる。

表2-18　JUMPチームの活動経験とこれまでの取組みを2要因とする分散分析

(左：平均値、右カッコ内：標準偏差)

| | | 活動経験あり | | | 活動経験なし | | | F値 | | |
| | | 取組活動なし (n=14) | 取組活動1 (n=33) | 取組活動2以上 (n=142) | 取組活動なし (n=126) | 取組活動1 (n=166) | 取組活動2以上 (n=166) | 主効果 活動経験 | 主効果 活動意欲 | 交互作用 |
|---|---|---|---|---|---|---|---|---|---|---|
| 自己認識 | 自発的関与 | 17.93 (6.63) | 21.76 (6.24) | 22.07 (5.27) | 21.21 (5.71) | 21.98 (5.92) | 23.60 (5.06) | 6.39 * | 7.81 *** | 1.36 |
| | 貢献感 | 21.14 (5.79) | 24.94 (5.51) | 25.96 (5.46) | 24.96 (5.86) | 25.40 (6.13) | 27.12 (5.46) | 7.00 ** | 9.03 *** | 1.54 |
| | 自己受容 | 18.07 (6.02) | 19.42 (5.90) | 19.46 (5.40) | 19.27 (5.49) | 19.95 (5.88) | 21.10 (5.43) | 2.81 | 1.97 | 0.40 |
| | 信頼感 | 16.00 (4.90) | 17.67 (3.83) | 18.18 (4.18) | 18.23 (4.76) | 18.95 (4.75) | 19.62 (3.90) | 9.88 ** | 3.85 * | 0.22 |
| 規範意識 | 生活節度 | 34.21 (11.19) | 38.55 (8.04) | 40.91 (8.46) | 39.39 (8.89) | 40.98 (8.42) | 41.94 (8.70) | 7.76 ** | 6.76 ** | 1.34 |
| | 騒音礼儀 | 16.43 (4.33) | 18.42 (1.64) | 18.35 (2.03) | 18.08 (2.28) | 18.54 (2.11) | 18.55 (2.16) | 6.23 * | 6.83 ** | 2.58 |
| | 公衆道徳 | 18.43 (5.81) | 21.00 (3.50) | 22.21 (3.01) | 21.55 (3.50) | 22.26 (3.04) | 22.62 (2.47) | 18.45 *** | 14.10 *** | 4.36 * |
| | 交通道徳 | 7.29 (2.27) | 8.24 (2.26) | 8.92 (1.45) | 8.76 (1.59) | 8.88 (1.48) | 8.74 (1.58) | 11.47 ** | 6.01 ** | 7.31 ** |

\* p<.05, \*\* p<.01, \*\*\* p<.001　自由度はいずれも (5,639)

6）まとめ

　自己認識・規範意識について，「活動経験なし」の生徒の得点が高かったが，今後の活動意欲があることやこれまでの取組みの蓄積があることが，自己認識・規範意識の高さに関係していた。これまでにどの程度活動に取り組んできたのか，その活動経験の蓄積，そして，これからの活動意欲をいかに高めるのか，いわば，過去の活動実績と将来的な活動意向，この両側面を現在展開しているJUMPチームの活動がいかに補完・補強し，繋ぐかが重要であるといえる。

　学校と警察が連携して日常性のある活動に取り組んでいるJUMPチームであるが，小学校・中学校・高等学校のすべての学校で結成されているにもかかわらず，高校生の認知度は約7割であった。JUMPチームの活動は，内容によって，少人数で取り組むものから，全校生徒への呼び掛けも含めて広く活動を展開するものまであり，活動への参加意識は生徒によって様々であると考えられる。関わり方によって，自己認識・規範意識も異なるであろうし，日常的な実践であるが故に，JUMPチームの活動に取り組んでいても，その自覚がない生徒も存在するかもしれない。ことさらJUMPチームの活動として強調する必要はないが，生徒が，自分の取組みとの関係性を客観的に捉えることができるようにすることは，JUMPチームの活動の明確化と定着・拡大を図るために必要となるのではないかと思われる。

　また，生徒対象の聞き取り調査の中で，警察と連携した活動をすることが警察のイメージを変えることになったこと，自分自身のキャリア形成について改めて考える契機となったことなどを発言した生徒がいた。ボランティア体験がキャリア形成に影響を与えたことを示した論考[21]もあり，このJUMPチームの活動経験が，キャリア形成にどのような影響を与えるのか考察することも，警察と連携したボランティア活動の在り方を考える上で有用になると思われる。

## 2．既存の統計データからの考察

### （1）青森県警察本部少年課のデータ

　刑法犯少年及び万引き，自転車盗の検挙・補導人員の推移をみると，減少傾

62

向にあることがわかる。2003年をピークにいずれも年々減少しており，2016年は，現在の統計方式となった1948年以降，最少を記録した。このことから，JUMPチームの活動の定着に伴って，検挙・補導人員が減少していると解釈できそうである。ただ，両者の因果関係等は明らかではないため，一つの事実として押さえておくに留めたい。

### 表2-19　刑法犯少年及び万引き，自転車盗の検挙・補導人員の推移 （人）

| | 1998 | 1999 | 2000 | 2001 | 2002 | 2003 | 2004 | 2005 | 2006 | 2007 |
|---|---|---|---|---|---|---|---|---|---|---|
| 刑法犯少年 | 2184 | 1736 | 1599 | 1909 | 1924 | 2049 | 1708 | 1364 | 1373 | 1322 |
| 万引き | 1522 | 1079 | 994 | 977 | 1023 | 1021 | 868 | 654 | 669 | 582 |
| 自転車盗 | 139 | 129 | 91 | 178 | 150 | 194 | 152 | 143 | 136 | 114 |

| | 2008 | 2009 | 2010 | 2011 | 2012 | 2013 | 2014 | 2015 | 2016 |
|---|---|---|---|---|---|---|---|---|---|
| 刑法犯少年 | 1140 | 1074 | 1146 | 950 | 784 | 557 | 464 | 346 | 279 |
| 万引き | 585 | 585 | 642 | 520 | 418 | 285 | 244 | 189 | 145 |
| 自転車盗 | 102 | 100 | 88 | 63 | 70 | 48 | 38 | 29 | 21 |

（出典）青森県警察本部少年課資料

### 表2-20　刑法犯少年の学職別検挙・補導人員及び児童生徒比の推移

（上段：人，下段カッコ内：％）

| | 1998 | 1999 | 2000 | 2001 | 2002 | 2003 | 2004 | 2005 | 2006 | 2007 |
|---|---|---|---|---|---|---|---|---|---|---|
| 小学生 | 185<br>(0.19) | 116<br>(0.12) | 170<br>(0.19) | 96<br>(0.11) | 76<br>(0.09) | 135<br>(0.15) | 124<br>(0.14) | 86<br>(0.10) | 106<br>(0.13) | 81<br>(0.10) |
| 中学生 | 1047<br>(1.83) | 773<br>(1.39) | 697<br>(1.32) | 711<br>(1.40) | 688<br>(1.42) | 811<br>(1.75) | 694<br>(1.52) | 560<br>(1.25) | 643<br>(1.44) | 612<br>(1.39) |
| 高校生 | 696<br>(1.18) | 598<br>(1.08) | 498<br>(0.90) | 789<br>(1.47) | 803<br>(1.54) | 732<br>(1.47) | 605<br>(1.26) | 485<br>(1.05) | 426<br>(0.96) | 374<br>(0.87) |

| | 2008 | 2009 | 2010 | 2011 | 2012 | 2013 | 2014 | 2015 | 2016 |
|---|---|---|---|---|---|---|---|---|---|
| 小学生 | 75<br>(0.09) | 97<br>(0.13) | 92<br>(0.12) | 84<br>(0.12) | 70<br>(0.10) | 53<br>(0.08) | 32<br>(0.05) | 47<br>(0.07) | 44<br>(0.07) |
| 中学生 | 501<br>(1.16) | 491<br>(1.15) | 536<br>(1.30) | 412<br>(1.02) | 281<br>(0.71) | 218<br>(0.57) | 198<br>(0.53) | 120<br>(0.33) | 110<br>(0.31) |
| 高校生 | 407<br>(0.96) | 328<br>(0.78) | 338<br>(0.81) | 302<br>(0.74) | 279<br>(0.70) | 170<br>(0.44) | 124<br>(0.32) | 111<br>(0.29) | 75<br>(0.20) |

（出典）上段（人数）：青森県警察本部少年課資料，下段（％）：筆者が各年度学校基本調査のデータから算出

また，青森県における刑法犯少年等の検挙・補導人員は減少傾向にあるが，刑法犯少年の学職別検挙・補導人員をみると，中学生・高校生の減少幅と比較して，小学生は減少幅が小さく，微増微減を繰り返している。ただ，児童生徒比でみると，ここ数年は，小学生は0.1％前後，中学生・高校生が0.3％前後で推移しており，JUMPチームが結成された頃と比較すると減少していることは明らかである。非行の低年齢化と規範意識の低下が懸念される中でこうした結果になっていることは成果の一つと言っても過言ではないと思われる。

## (2) 教育委員会等の調査結果（経年比較<sup>22)</sup>）

　「ボランティア活動したことがない」割合をみると，1985年調査74.0％，1992年調査73.5％で，7割を超えていたものが，2012年調査26.3％，2014年調査34.5％，2016年調査42.4％，2018年調査35.9％となっており，約30〜40ポイント減少している。また，それに関連して，「ボランティア活動に参加しない理由」の割合では，大きく，「情報不足」「仲間不在」「興味不足」に区分できる。「情報不足」は，JUMPチーム活動前の約25〜45％から，20％前後に減じている。「興味不足」も同様に減少傾向にある。「仲間不在」については明確な変化は読み取れない。総じて，情報不足の解消や無関心層の減少が要因となって，ボランティア活動未経験者の割合が減少しているのではないかと推察さ

### 表2-21　「ボランティア活動に参加しない理由」の割合

(%)

| | | 1985 | 1992 | 2012 | 2014 |
|---|---|---|---|---|---|
| 情報不足 | どんな活動があるかわからないから | 26.2 | — | — | — |
| | いつ，どこで活動が行われているかわからないから | 36.2 | — | — | — |
| | ボランティア活動に関する情報がなかったから | — | 45.1 | — | — |
| | 活動の情報（チラシや情報誌など）がない | — | — | 22.7 | 14.2 |
| 仲間不在 | 仲間がいないから | 5.9 | — | — | — |
| | いっしょに活動する仲間がいなかったから | — | 13.1 | — | — |
| | 誘ってくれる仲間がいない | — | — | 6.5 | 5.6 |
| 興味不足 | それほど興味のあるものでもないから | 33.0 | — | — | — |
| | それほど興味がなかったから | — | 51.9 | — | — |
| | 興味・関心がない | — | — | 27.8 | 18.4 |

れる。前述した「ボランティア活動を活発にするために必要なこと」に対応した取組みが，このような結果に結びついているものと思われる。


◆ 第4節
# 小括

## 1. 合同サポートチームの存在意義

　JUMPチームの活動主体である高校生に焦点を当てて，活動効果などを考察してきたが，その高校生を支える教育委員会職員と警察職員の連携が確立され，その連携・活動が充実していることも注視したい。具体的には，少年非行について専門的な知識や経験を持つスタッフによる，青森県教育庁職員と青森県警察職員の合同チームである合同サポートチーム（STEPS）の存在が看過できない（2004年4月7日より施行）。STEPSは，「Support Team of Educators and Police for Students」の略称で「生徒のための教育者と警察によるサポートチーム」という意味である。

　教育委員会の考え方としては，教育委員会と警察本部が，少年非行に関して専門的な知識や豊富な経験を有するスタッフによる合同サポートチームを結成し，学校・団体等の要望に応じて同チームメンバー数名を学校・団体等に派遣することで，教員と警察職員との合同チームという特色を生かして，少年非行防止，犯罪被害防止等の取組み等を支援することを目的としている。[23]

　JUMPチームにおいては生徒が警察職員と一緒に活動しているのに対して，STEPSでは教員等教育関係者が警察職員と連携して活動に取り組んでいる。STEPSの活動を通して，教員の警察職員に対する印象や関わりが柔軟になり，それがJUMPチームの活動へも影響を与えているのではないかと思われる。

　また，これに関連して，青森県の人事交流（任期2年間）で，1997年度から教員（中学校籍・高等学校籍中心）が，被害少年対策官として，警察で活動していることも看過できない。学校の実情に詳しい教員が，警察側から被害少年対策官として学校との連携を支援・推進することで，より効果的な活動が可能に

なる。JUMPチームの活動と直接関わるところでは，「JUMPスキル・アップ・カンファレンス」（2017年度は情報モラルフォーラム）のファシリテーターを被害少年対策官が担っていることが挙げられる。学校側も，ある意味で"同僚"が警察側から支援することに，生徒と同等か，それ以上に安心感・信頼感を抱くことになるのかもしれない。この安心感・信頼感は，連携を考える上で重要であり，連携の要となり得る被害少年対策官の存在はきわめて大きいのではないかと考えられる。なお，人事交流とJUMPチームの活動開始時期が同時期であったことは偶然であり，JUMPチームの活動促進のために始まったものではないとのことである（2016年7月29日青森県警察本部での聞き取りより）。

## 2. JUMPチームの今後の方向性・可能性

　高校生のJUMPチームの活動への参加について，肯定的な考えの生徒は1割に満たない実態がある（男女に有意差あり：$\chi^2(2)=14.14$, $p<.01$，学年に有意差なし）。JUMPチームの活動が定着している状況下で，こうした実態であることは由々しき問題であるといっても過言ではないかもしれない。この問題を解決するためにどのような方策が考えられるのか検討を試みてみる。

### （1）活動目的の明確化

　JUMPチームの活動として様々な活動が展開されているが，改めてその活動の目的を明確にする必要がある。JUMPチームの認知度が高まり，安定した活動ができている段階であるからこそ，これまでの"勢い"で取り組むところか

**表2-22　高校在学中に「JUMPチーム」の活動をやってみたいか**

（上段：人数，下段カッコ内：%）

|  | 全体 | 男子 | 女子 | 1年生 | 2年生 | 3年生 |
|---|---|---|---|---|---|---|
| はい | 50<br>(7.8) | 23<br>(7.6) | 27<br>(7.8) | 18<br>(8.2) | 19<br>(9.0) | 13<br>(6.0) |
| どちらともいえない | 267<br>(41.4) | 102<br>(33.9) | 165<br>(48.0) | 99<br>(45.0) | 93<br>(44.3) | 75<br>(34.9) |
| いいえ | 328<br>(50.9) | 176<br>(58.5) | 152<br>(44.2) | 103<br>(46.8) | 98<br>(46.7) | 127<br>(59.1) |

ら，立ち止まって，その目的を再考することが求められる。量的拡大を図る段階から，質的深化を図る段階にきていると考えられる。

あいさつ運動について，次のような生徒の見解がある。

A

合同あいさつ運動。私，あの，個人的なんですけど，あいさつ運動批判派なんですよ。いや，あいさつってのは，ただすればいいってもんじゃないかなって思ってて，あいさつ運動はなんかもう言葉の，あいさつの暴力みたいなって思ってる人間なんですよ。だからただ，「おはようございます」って言われてもこわいじゃないですか。

B

集団だとさらにね。

A

最初，これはする意味あるのかって思いながらやってたんですけど，やっぱりあいさつ返してもらうとうれしいなってのもありますし，あいさつをかわすことを日常的なものにするんだったら，あいさつ運動もありなのかなあって，やってるうちに思ってきました。

B

あいさつをする意義を，あいさつ運動をやる上で分かってくると思うので，あいさつ運動は大事だったと思います。

あいさつ運動に対する違和感を，実践を通して得られた感覚を通して折り合いをつけようとしていることがうかがえる。この感覚も大事であるが，違和感の根本を解消するには至っていないと思われる。その違和感を拭い去り，自分自身で納得した上で活動に向き合えば，活動の捉え方も自ずと変わってくるは

ずである。まさに，実践と理論を往還することが求められているのである。一瞥すると時間を要する遠回りなことに感じられるかもしれないが，実践知・理論知の向上を図り，次のステップに進むためには不可欠なことである。教師側も，活動内容は違うものの，生徒と同様の意識を有しているからこそ重要な時機にきていると思われる。

A先生

　今年はちょうど，うちの教員のツーロック不備の自転車点検ができなくて，逆に生徒会のJUMPチームのツーロックの呼び掛けが先にあって，その数日後に教員のほうで，点検を実施しました。今回のツーロック呼びかけはタイミングよくできたし，今は多分，警察の方からワイヤロックをいただいて配ったのもあって，ほぼほとんどの生徒がツーロックしてると思います。でも，これもまた日にちが経つにつれてツーロックするのが面倒になってきてやらない生徒も出てくるので，また秋になったらやるかという話が出ています。まだいつやるかの計画はしていないんですけれど，<u>生徒のツーロックの呼びかけは継続して，そして，どんな目的でやってるのを生徒自身がちゃんと把握して，達成感をもってやるような活動にしていきたいなと思ってました。</u>

## (2) 活動の在り方

　高等学校と警察が連携した活動を展開することは有意義なことであると思われるが，両者の関係性が"連携"から"依存"になると問題である。今回の調査で，それを危惧させる部分があった。

E

　警察の方と活動して，少年の非行とかの現状が，分かって，それを踏まえての，ミニ講話を通して，警察の方から見て，アドバイスだったりそういうのいただいて，しっかり悪いところ，万引や非行の悪いところをまとめて小学生に伝えることができて，それをしっかり小学生も理解してくれたので，結果的に

は良かったのかなと思うんですけど。講話とかは、警察の方に、頼りきってた部分もあったので、来年はしっかり、自分たちだけでも進めれるように、現状を把握したり、それも調べていくのが大事かなと思いました。

C

警察は先ほど話ができればという話しましたけど、話し合ってとか。その紙芝居を今回作ってくれたのも警察の方なので、どういう感じでとか、何を一番に伝えたいかとかそういうことをもう少し話し合ってできればいいと思います。

A先生

明日やるミニ講話に関しては、ほとんど青森警察署の方がシナリオなど発表の内容を考えていただきました。本当は私たちで考えたい部分も正直あったんですけど、最初なので、全部用意してもらって。今度いろいろやるときには、こちらからの提案もできるかなと思っています。今回は、シナリオや紙芝居も全部用意してもらって、私たちはそれに乗っかっただけっていう感じです。正直言って本当に自分達の活動ですとお知らせするような感じの内容ではないかもしれないんですけど。

　小学校におけるミニ講話に関する口述である。滞りなく活動を進めることができることは確かに重要であるが、問題はその中身である。高校生であるので、大過なく進行することができるのであるが、高校生だからこそ、内容について言いたいこと、高校生の立場だからこそ伝えたいことなど、あって然るべきであろう。警察から提供される素材を基盤に、本旨から極端に外れないように留意しながら、高校生ならではの自由な発想を交えた内容に構成できれば、高校生の自主性・主体性を尊重しながら、より効果的な活動になるのではないかと思われる。

　そのためには、事前学習が必要になる。教師の見解をみてみよう。

A先生

　今回は，青森市の放課後児童会と相談して，今週2回のミニ講話を入れたん
ですけども，自分たちの学校行事との兼ね合いをもうちょっと考慮して計画に
入れなければいけなかったのが，私たち教員の反省としてあります。せっかく
活動に取り組むのであれば，生徒が自分たちの活動をきちんと振り返る時間が
必要だと感じています。もうちょっと全体の日程を把握した上で，どの日程で，
何をやるっていうのを決めるべきでした。今回は，年度途中に声がかかり，少
し急いで決めたので反省しています。一つ一つの活動が粗末になってしまうと，
効果も半減してしまうので，日程を決めるときに熟慮しなくちゃいけないって
いうことですね。準備期間をちゃんととらないと，付け焼き刃で「やれ」って
言われたからやっても，なかなか生徒自身の気持ちがちゃんと入ってないと，
伝わるのもうまくいかないでしょうし。そういうところでは今回，準備はちょ
っと万端ではないんですけど。

　生徒側の意向と教師側の思いが合致していることがわかる。あとは，警察と
の調整である。警察を交えた事前学習の機会を確保すること，まずはそこから
始めることが現実的であると思われる。活動目的の明確化にせよ，活動の在り
方の再考にせよ，JUMPチームの活動が定着・拡大しているからこそ直面する
課題である。見方を変えれば，この課題をクリアすることによって，さらに活
動が質的にも量的にもレベルアップしたものになると確信する。今後の動向を
継続的に注視していきたい。

## 3. 今後の課題

　第1は，JUMPチームの活動内容に即した学習効果の検証の必要性があるこ
とである。JUMPチームの活動内容は多岐にわたるため，[24]それぞれの活動内容
から受ける影響も様々であると考えられる。実際の活動内容から具体的にどの
ような気づき・学びがあったのか，また，警察との連携の在り方はどうあるの
が望ましいのか考察することが求められる。

第2は，地域性を考慮した分析の必要性である。JUMPチームの活動と言っても，**表2-1**に示したように，地域によって活動内容は異なる。それぞれの活動について，警察と具体的にどのような連携を進めているのか検討することが求められる。

　第3は，発達段階を勘案した考察の必要性である。本章では，高校生を分析対象としたが，小学生・中学生対象の調査も実施して，その結果を比較検討することで，それぞれの発達段階に応じた警察との連携の在り方が明らかになると思われる。引き続きこれらの課題に取り組み，警察と連携したボランティア活動の意義と課題を明らかにしていきたい。

### 注記

1) 青森県は，警察庁「学校と警察との連携の強化による非行防止対策の推進について」(2002年) の中で，事例として，「青森県における少年非行防止「JUMPチーム」による街頭補導活動等の実施〜学校関係者・生徒と警察との連携による街頭補導の実施〜」が紹介されている。また，文部科学省・警察庁「非行防止教室等プログラム事例集」(2005年) では，「警察の委嘱による中学生ボランティアの取組成果を活用する取組」(中学校) として，十和田市立東中学校の「JUMPチーム」の活動事例が紹介されている。これらの実績を勘案すると，学校と警察の「日々の連携」がある程度進んでいることが推察され，そこでの先駆的な取組みから得られる知見は有益であると思われる。

　なお，第1節は，次の2点を中心に整理したものである。第1は，青森県警察HP (https://www.police.pref.aomori.jp/seianbu/syounen/jump_team.html) に記載されているJUMPチームに関する記述 (最終閲覧日2021年10月7日)，第2は，青森県警察本部・少年サポートセンター「少年非行防止JUMPチーム・リトルJUMPチームについて」2016年7月 (2016年7月29日拝受) の記述である。

2) 麦島剛・上野行良・中村晋介・本多潤子「少年非行に影響を与える要因―地域の物理的環境と中学生の非行容認度との関係―」『福岡県立大学人間社会学部紀要』15(1)，2006年，85-91頁

3) 高田敬子「青少年をめぐる諸問題の背景と課題」『青森大学付属産業研究所研究年報』23(2)，2001年，35-49頁

4) 前掲 (3)

5) 櫻庭廣次・三上のり子・加賀谷幸子・木村美穂子「中・高校生に対する喫煙予防教室の実施」『日本循環器管理研究協議会雑誌』31(1)，1996年，42-46頁

6)「青森県少年サポートボランティア運用要綱」に，以下の記述がある。

活動目的「少年の非行防止及び健全育成活動に意欲と熱意のある大学生有志等を少年警察ボランティア活動の支援者として委嘱し，少年により近い目線で少年の立ち直り活動等を実践し，少年が地域社会の中で目標を見つけ，健全な成長を目指すように支援することを目的とする。」活動内容「(1) 非行少年等の立ち直り支援活動　(2) 少年の社会参加活動事業等の支援　(3) 少年警察ボランティアとの連携による街頭活動　(4) その他少年の保護，健全育成に関すること」

　また，「JUMPだより」（令和2年1月　No.60）には，「picotとは，少年のサポートボランティアの愛称。編み物やレース・リボン布などの端についている小さなループの飾りで，「楔（くさび）」という意味を持つことから，少年と地域社会のつなぎ目となることを期待して名付けられています。」とされている。なお，2019年10月現在で25名が活動している。

7) 心のルール・パワーアップフォーラム　2013・2014年度に青森県の重点事業として実施した「少年非行防止「心のレベルアップ」事業」の一環として行われた。この「心のルール・パワーアップフォーラム」では，JUMPチーム員や保護者，少年非行防止に携わるボランティアに対して，非行の現状等の情報提供，万引き防止活動等の取組紹介などから情報共有と共通認識を図り，今後の活動に生かすことを目的としている。少年非行防止「心のレベルアップ」事業は，少年の健全な心を育み，規範意識を高めることで，非行防止及び犯罪被害防止を図り，豊かな人間性を併せ持った人材の育成とともに治安維持を図る事業として，「心のルール・パワーアップフォーラム」事業のほか，「心のブレーキ」グレートアップ事業，「心のネット」強化事業が展開された。「心のブレーキ」グレートアップ事業では，リトルJUMPチームの結成率を平成26年度までに100％にすることを目指した。具体的には，リトルJUMPチーム員に缶バッジを配布し，普段から装着してもらうことでチーム員としての意識付けを図り，リトルJUMPチームの浸透と活性化を図るとともに，他の小学生へ非行防止の意識を波及させ，規範意識が高い「心のブレーキ」の強い小学生の増加を図った。青森県「青森の青少年　平成25年度版」（2014年）でも言及されている。

8) 規範意識JUMP研修会　低年齢層の規範意識の低下に伴う非行少年の増加を懸念して，低年齢層，特に小学生段階から規範意識について考え，学ぶ機会をつくる必要があるとの認識のもと，2015年度より「少年の規範意識ホップ・ステップ・ジャンプ事業」が実施され，その一つとして「規範意識JUMP研修会（ジャンプ）事業」として展開された。趣旨としては，少年非行防止リーダー合同研修会（2011・2012年度），心のルール・パワーアップフォーラム（2013・2014年度）と同様である。「少年の規範意識ホップ・ステップ・ジャンプ事業」では，他に「低年齢層の規範意識向上（ホップ）事業」，「JUMPチーム連携構築（ステップ）事業」がある。特に，「JUMPチーム連携構築（ステップ）事業」では，リトルJUMPチームの活動をより活発化するため，中学生のJUMPチーム

員が，「ジョイントリーダー」として，小学校で行うリトルJUMPチームの活動の指導・手伝いや合同での活動を行い，縦の連携を構築し，地域の絆を強化することをねらいとした。青森県「青森県子ども・若者白書　平成27年度版」（2016年）でも言及されている。

9)「青森県子ども・若者白書　平成27年度版」からは，それまでの「青森の青少年」から「青森県子ども・若者白書」へと名称が変更されている（隔年刊行）。

10)　青森県教育委員会『高校生ボランティア活動促進事業実践事例集　未来に羽ばたけ』1984年

11)「高校生ボランティア・バンク事業」については，「県下全高校生を対象としてボランティア活動を啓発すると共に，活動を希望する生徒の名簿を作成したり，また高校生ボランティアを受け入れてもらえる施設・団体等の一覧表も作成し，活動の場の開発と機会の提供に努めています。」と説明され，事業内容として，推進委員会，高校生ボランティア活動啓発ポスターの作成，高校生ボランティア活動の手引き（リーフレット）の作成，高校生ボランティアバンク登録者名簿の作成，高校生ボランティア受入施設・団体等一覧表の作成が挙げられている。詳細は，以下の文献を参照されたい。
　　青木裕次「高校生の心育むボランティア—青森県の高校生ボランティア活動—」『青少年問題』33(3)（青少年問題研究会），1986年，25頁

12)　青森県教育委員会「平成21・22年度高校生地域貢献推進事業　実施報告書」2011年

13)　分析対象とした調査は以下のとおりである。
・青森県教育委員会「生涯教育推進会議専門部会調査研究報告書　青少年の社会参加活動に関する調査　高校生とボランティア活動」1986年（1985年に高校生対象に実施）
・青森県総合社会教育センター「高校生のボランティア活動に関する調査報告書—意識や実態等について—」1993年（1992年に高校生対象に実施）
・青森県総合社会教育センター「ボランティア活動に関する調査報告書—教員の意識—」1995年（1994年に小学校教員・中学校教員・高等学校教員対象に実施）
・青森県総合社会教育センター「ボランティア活動に関する調査報告書—保護者の意識—」1996年（1995年に保護者対象に実施）
　　上記4調査で共通していた設問「高校生のボランティア活動を活発にするために，何が必要だと思いますか」（複数回答）について，共通の選択肢への回答状況を示した。なお，選択肢の表記は調査によって多少違いがあるが，本書では表記を統一して示したことをお断りしておく。

14)　高坂康雅「共同体感覚尺度の作成」『教育心理学研究』59，2011年，88-99頁

15)　三宅元子「中学・高校・大学生の情報倫理意識と道徳的規範意識の関係」『日

本教育工学会論文誌』30(1)，2006年，51-58頁

16）小林寿一「我が国の地域社会における非行統制機能について」『犯罪社会学研究』28，2003年，39-54頁

17）小林寿一「地域社会における非行防止」『少年非行の行動科学』北大路書房，2008年，123-131頁

18）山本俊哉「安全・安心のまちづくり」『ビギナーズ犯罪学』成文堂，2016年，431-432頁

19）非行防止ミニ講話は，低年齢少年の規範意識の向上を図ることを目的としており，JUMPチームと少年補導職員が一緒になって行うものである。2016年7月29日に参観した非行防止ミニ講話では，青森市内の放課後児童会（学校から徒歩5分程度の小学校）において，夏休みの非行防止に向け，万引き防止をテーマにしたものであった。参加した生徒12名（男子8名，女子4名）のうち男子2名は警察官の制服に着替えて講話を実施した。万引き防止の紙芝居と合わせていじめ防止の紙芝居も行い，児童とやりとりしながら進行していた。準備期間が短かったこともあり，紙芝居（そのシナリオも含む）の準備は少年補導職員がしていたものを高校生が実践するという流れであった。

20）冨田信穂「警察に対する高校生の態度―北米における決定因子に関する諸研究との比較を中心として―」『犯罪社会学研究』16，1991年，108-122頁

21）早川雅晴「高校時代に行った特別支援学校でのボランティア体験がその後の進路決定に及ぼす影響の可能性について」『植草学園大学研究紀要』7，2015年，101-105頁

22）1985年と1992年のデータは前掲（13）による。2012年，2014年，2016年，2018年のデータは各々下記による。
・青森県「「青少年の意識に関する調査」平成24年度調査結果報告書」2013年
・青森県「「青少年の意識に関する調査」平成26年度調査結果報告書」2015年
・青森県「「青少年の意識に関する調査」平成28年度調査結果報告書」2017年
・青森県「「青少年の意識に関する調査」平成30年度調査結果報告書」2019年

23）活動内容は，少年の非行防止及び犯罪被害防止に関して，集会等での児童生徒への啓発・指導，教員・PTA研修会等での助言，健全育成団体等が主催する会議での講話・情報提供などで，具体的なテーマとしては，少年非行の実態や非行防止に向けた取組み，薬物乱用防止，不審者侵入や登下校時における連れ去り等に対する学校の安全管理，サイバー犯罪や携帯電話利用による被害防止等，いじめや暴力行為などの学校内での問題行動等がある。2014年度の派遣回数は38回（小学校8回，中学校19回，高等学校2回，特別支援学校2回，各種団体7回）となっている。
少年の問題行動等に関する調査研究協力者会議報告「心の行動のネットワーク―心のサインを見逃すな，「情報連携」から「行動連携」へ―」（2001年）で

は，学校と家庭や地域社会，関係機関とをつなぐ「行動連携」のシステムづくりに関して，「市町村や中学校区単位などで，教育委員会等の行政が中心となって，学校，PTA，教育委員会，地域住民，警察，児童相談所等関係機関，保護司，児童委員等からなるネットワークを作るとともに，問題行動の前兆の段階から，ネットワークを構成する関係機関の職員からなる「サポートチーム」を組織するなど，ケースごとに最もふさわしい機関が連携して対応することが必要である。」としている。これを具現化したものがSTEPSとみることができる。

24) 青森県警察本部「少年非行防止　JUMPチーム　リトルJUMPチーム活動紹介」(DVD)，2017年には，主な活動として以下のものが紹介されている。

委嘱状交付式と研修会への参加 (五戸地区)，1学期終業式における呼びかけ活動 (むつ地区)，「ひがしどおり来さまいフェスタ2016」における広報活動 (むつ地区)，弘前市立中学校JUMPチームによる「万引き防止勉強会」(弘前地区)，三沢地区JUMPチーム防災林植栽支援事業 (三沢地区)，薬物乱用・非行防止呼びかけ運動 (七戸地区)，各学校の環境美化活動 (八戸地区)，地域合同環境美化活動 (外ヶ浜地区)，青森県立高等学校JUMPチームによる低年齢少年の非行防止活動 (青森地区)。

# 第3章
# 愛媛県西条市における
# 「高校生防犯ボランティアC.A.P.」

◆ 第1節
## 「高校生防犯ボランティアC.A.P.」の概要

### 1. 高校生のボランティア活動に親和性のある土壌

　愛媛県は，1952年に，社会福祉と子どもの幸福のために青少年健全育成活動を推進するVYS（Voluntary Youth Social worker）運動が発祥した地である。1968年には，「全国VYS連絡協議会」が結成され，活動は今日に至るまで続いており，歴史的にみてボランティアに所縁のある地域である。最近の行政施策をみても，ボランティア推進のための充実した取組みが展開されている。

　実践的なものとして，2012年4月から11月にかけて開催された「えひめ南予いやし博」での取組みを挙げることができる。「平成25年度高校生ボランティア活動報告書」には，「「えひめ南予いやし博」でのボランティア活動等を実施したことにより，高校生のボランティア活動に対する機運が高まってきており，高校生スタッフの登録者数，学校数ともに増加し，活動がセンターを中心とする地域から東予や南予にも広がりを見せています」とされている。また，毎年7月は「クリーン愛媛運動」強調月間として，環境美化活動などが行われている。「クリーン愛媛運動強調月間実施要領」には，その環境美化活動に関して，「地域住民及び小・中学校，高等学校等の協力を得て，山，河川，海岸及び公共施設等の環境美化ボランティア活動を実施する」とされている。また，愛媛県では警察が少年の非行防止及び健全育成を図ることを目的にヤング3S運動を展開しており，学校と警察が連携した社会参加活動が展開されやすい地

域性にあることが推察される。

　西条市の施策等に着目すると，西条市「西条市次世代育成支援対策推進行動計画（後期計画）子どもと地域が伸び伸び育つまちづくりを目指して」（2010年）では，青少年育成センター事業の推進の中で，地域の青少年育成団体等の関係機関と連携・調整を行い，青少年の非行防止や教育相談を受け付けるとともに，情報資料の整備・啓発を図り，青少年の健全育成活動に取り組むこと，VYS活動支援事業に関連して，西条市VYS連合協議会が，花いっぱい運動，清掃奉仕活動，夏期研修会，レクリエーション大会，ソフトボール交流会，クリスマス会，もちつき大会などの事業を実施し，青少年の健全育成に努めることが示されている。

　また，西条市の学校教育における重点目標には，「保護者，地域，関係機関と連携・協働して一人一人の子どもを大切にする教育を推進する。」[4]として，生徒指導の充実との関連で，「西条市青少年育成センターや高校等，関係機関との連携強化」が示されている。また，「学校や子どもの様子について積極的に情報発信するとともに，子どもの成長につながるよう地域の人的・物的資産の有効活用を図る」とされ，家庭・地域との連携強化に関して，「地域や企業と連携した体験学習の推進」が示されている。それから，「豊かな体験を通して，生命を尊重し，感動する心，礼儀や規律を重んじる心を育成する」として，ふるさとを愛する心を育てる教育の推進との関連で，「ふるさとや郷土の偉人に学ぶ体験学習等，総合的・横断的な学習の推進」「福祉活動，ボランティア活動の推進」が示されている。さらに，「生涯を通じて活力ある生活を送るための基礎となるたくましい体の育成を図る」として，規則正しい生活習慣の確立と薬物乱用防止教育等の推進との関連で，「保健所，警察等，関係機関・団体との連携」が謳われている。さらに，西条市社会福祉協議会・ボランティアセンターが主催して，市内の小学校4年生から中学校3年生を対象に，福祉教育推進事業の一環として夏休みボランティアスクールを開催している。4日間をかけて要約筆記や手話・点字，朗読ボランティア・傾聴ボランティアの体験などを行っている。

このように，愛媛県全体でも高校生等のボランティア活動の推進をしていること，西条市では，VYS運動の伝統が脈々と受け継がれている中で，様々な体験活動が展開されていることがわかる。また，学校と警察との連携に関しても，その必要性を認識していることが明らかである。

## 2.「高校生防犯ボランティアC.A.P.」とは

「高校生防犯ボランティアC.A.P.」（以下，C.A.P.と表記する）とは，愛媛県西条市にある高等学校5校（西条署管轄：愛媛県立西条高等学校，愛媛県立西条農業高等学校，西条西署管轄：愛媛県立東予高等学校，愛媛県立小松高等学校，愛媛県立丹原高等学校）（以下，学校名は順に，西条高校，西条農業高校，東予高校，小松高校，丹原高校と略記する）が警察と連携して行う高校生の防犯ボランティアのことである。

C.A.P.は，Culture（文化），Area（地域），Protectors（擁護者）の頭文字をとったもので，郷土の文化と安全を守るために，高校生が警察や自治体，地域住民等と連携して，自主防犯活動を推進し，事件事故の防止，青少年の規範意識の高揚に努め，犯罪のない安全安心なまちづくりに積極的に寄与することを目的としている。なお，C.A.P.はアルファベットを一つずつそのまま呼称する。時折，CAP（キャップ）[5]と混同されることがあるようであるが，別物であることを付記しておく。

## 3. 発足までの経緯と現況

C.A.P.は，東予高校，小松高校，丹原高校の3校で2003年12月に発足した。その後，西条市と東予市，小松町，丹原町の2市2町が合併し，2004年に西条市となったことに伴い[6]，2006年から西条高校と西条農業高校にもC.A.P.が発足して活動が拡大・定着し，今日に至っている。

2002年に，東予市・小松町・丹原町で検挙された街頭犯罪等の被疑者のうち，約7割が少年であったことから，少年の感覚・少年の目から見た青少年健全育成活動，防犯活動を行うために結成された。また，中学校，特に旧西条市

**表3-1　2017年度学校要覧における C.A.P. やボランティア活動に関する記述**

| 学校 | 教育目標 | 校務分掌 | ホームルーム活動 | 生徒指導 | 学校安全計画 | 西条市内出身者の割合 | 自転車通学者の割合 | C.A.P.会員の生徒数 | C.A.P.会員の生徒数の全校生徒に占める割合 |
|---|---|---|---|---|---|---|---|---|---|
| A | 特に記述なし | 生徒課：防犯ボランティア | （第1学年2学期）ボランティア活動の意義<br>（第2学年3学期）ボランティア活動の意義 | 特に記述なし | 特に記述なし | 91.5% | 87.4% | 12 | 4.9% |
| B | 特に記述なし | 特に記述なし | （第2学年2学期）ボランティア活動に参加しよう | C.A.P. 自転車利用啓発活動（4月）<br>C.A.P. 地域安全活動（4月）<br>C.A.P. 広報（9月・10月）<br>C.A.P. 非行防止対策協議会（11月） | 特に記述なし | 88.9% | 59.6% | 22 | 2.7% |
| C | 積極的なボランティア活動の推進及び地域交流の促進 | 特に記述なし | （第1学年2学期）ボランティア活動の意義<br>（第2学年1学期）ボランティア活動の意義<br>（第3学年1学期）ボランティア活動の意義 | 特に記述なし | 組織活動：C.A.P. 学習会（7月・8月・2月），C.A.P. 活動（10月） | 86.5% | 55.7% | 6 | 1.3% |

| 学校 | 教育目標 | 校務分掌 | ホームルーム活動 | 生徒指導 | 学校安全計画 | 西条市内出身者の割合 | 自転車通学者の割合 | C.A.P.会員の生徒数 | C.A.P.会員の生徒数の全校生徒に占める割合 |
|---|---|---|---|---|---|---|---|---|---|
| D | 行事やボランティア活動での積極的連携 | 生徒指導部生徒課：C.A.P.活動 | （第1学年3学期）ボランティア活動について | 校外生活指導：西条・西条西警察署と西条地区五高等学校及び地域関係諸団体と連携をとり，地域の防犯啓発活動の推進を図る。<br>校内生活指導：西条地区防犯ボランティアC.A.P.活動を通して学校生活についての意識の高揚を図る。 | 特に記述なし | 83.5％ | 81.0％ | 10 | 3.1％ |
| E | 特別活動やボランティア活動などの体験活動に自主的,積極的に参加させることで,集団や社会の一員として協働する態度や能力を育てる。 | 生徒課：五高校C.A.P. | （第2学年3学期）ボランティア活動の意義 | 特に記述なし | 課外活動：ボランティア活動における安全指導（2月） | 97.9％ | 96.5％ | 6 | 1.6％ |
| | | | （第3学年1学期）ボランティア活動 | | 対人管理：ボランティア活動における安全対策（2月） | | | | |

【備考】
(1) A高校は，学校行事に，C.A.P.施錠調査（5月～3月）・おかげん祭ボランティア（8月）・西条市レクリエーション大会ボランティア（10月）・西条市ボランティアフェスティバル（3月）がある。
(2) E高校は，人権・同和教育に，いじめ防止委員会の未然防止として，ボランティア活動の充実がある。
(3) 5校を合わせた西条市内出身者の割合は89.4％，自転車通学者の割合は71.4％である。

内の中学校における荒れが酷く，その荒れた中学生が進学した先の高等学校で立ち直ることができるように支援する必要性があるという学校関係者・警察関係者の共通認識のもと，高等学校にC.A.P.ができた。5校の学校要覧を概観すると，校務分掌や生徒指導，学校安全計画などにC.A.P.に関する記述があり，ボランティア活動も含めて定着していることがわかる。

　また，学校要覧には記載されていないが，五百亀記念館において，高校生のボランティア活動として，近隣の高等学校の生徒が清掃活動に取り組んでいる。あるいは，西条市内の美術部がある高等学校の生徒が，五百亀記念館のガイドボランティアとして活動を行っている。それから，例年3月に開催される西条市ボランティアフェスティバル[7]で東予高校と丹原高校の生徒が運営ボランティアとして活動している。また，西条農業高校，東予高校，小松高校は西条市福祉教育推進協力校[8]に指定されている。東予高校は夏祭り運営補助活動の成果報告作品が評価され，表彰を受けている（2017年4月29日　第13回西条市福祉フェスティバルにて）。こうしたことから，地域に根差した活動が展開されていることも明らかである。

　C.A.P.の人数は，基本的には各学年2名であるが，生徒の要望等に合わせて増えることもある。そのため，学校によってばらつきがある。2017年度は，5校合計で56名の生徒がC.A.P.として活動している。なお，C.A.P.の活動は，3年間継続することが原則となっており，毎年3月には3年生に対して警察署から感謝状が贈られる。


## 4. 活動内容

　C.A.P.の活動は，各警察署単位で複数校が合同で行う活動と各学校が単独で取り組む活動がある。

　合同で取り組む主な活動は，以下のとおりである（2017度実績）。

　　　4月　行楽期の地域安全活動（交通安全・振り込め詐欺防止の手紙配布）

　　　9月　広報啓発活動（未成年者飲酒・喫煙防止啓発活動（ポスター・チラシ配布[9]））

表3-2　C.A.P. 年間活動

| 月 | 主な内容 |
|---|---|
| 4 | 会員募集 |
|  | 行楽期における防犯啓発活動 |
|  | 交通安全茶屋 |
| 5 | 委嘱式 |
|  | 防犯活動勉強会 |
| 7 | 未成年者飲酒・喫煙防止スローガン・ポスター募集 |
|  | 児童生徒を守り育てる日における中高合同登校指導 |
| 8 | 違法広告撤去活動 |
| 9 | 西条祭における未成年者飲酒・喫煙防止啓発活動 |
| 10 |  |
| 11 | 児童生徒を守り育てる日における中高合同登校指導 |
| 12 | 振り込め詐欺被害防止啓発活動 |
| 1 | 初発型非行防止ポスター製作 |
|  | 地域安全マップの製作 |
| 2 | C.A.P. 活動反省会 |
| 3 | 感謝状贈呈式 |

　　11月　非行防止対策協議会（非行防止のための勉強会）[10] ＊西条西署のみ

　各学校が独自で取り組む活動としては，中高合同登校指導への参加，違反屋外広告物撤去活動，全国地域安全活動への参加，校内自転車施錠率調査，在校生への広報啓発活動などがある。

◆ 第2節
# C.A.P.の活動による効果

## 1.　高校生，教員及び警察関係職員を対象とした調査結果からの考察

　C.A.P.について，高校生・教員・警察関係職員はどのような意識・実態であるのか確認する。本研究では，以下の4つの調査を実施した。また，参与観察も行っており，そこから得られた知見も適宜用いる。

## 調査A：高校生対象質問紙調査

2017年9月から10月に，高校生を対象に質問紙調査を実施した。1,097名から回答を得て，すべての質問項目に漏れなく回答している1,007名分の回答を分析対象とした。回答者の内訳は，**表3-3**の通りである。

**表3-3　回答者の内訳**

(上段：人数，下段カッコ内：%)

| 性別 | | 学年 | | | 学科 | | 出身地区 | | 所属部活動 | | | 合計 |
|---|---|---|---|---|---|---|---|---|---|---|---|---|
| 男子 | 女子 | 1年生 | 2年生 | 3年生 | 普通科 | 専門学科 | 西条市内 | 西条市外 | 運動部 | 文化部 | 無所属 | |
| 569 | 438 | 346 | 342 | 319 | 513 | 494 | 915 | 92 | 581 | 291 | 135 | 1007 |
| (56.5) | (43.5) | (34.4) | (34.0) | (31.7) | (50.9) | (49.1) | (90.9) | (9.1) | (57.7) | (28.9) | (13.4) | (100.0) |

(注) 出身地の西条市外の内訳は，新居浜市58名，今治市17名，四国中央市4名，その他13名であった。

主な質問内容は，自己認識に関する内容24項目[11]，規範意識に関する内容29項目[12]，これまでに取り組んだことがある活動，警察に対するイメージ，C.A.P. の認知度・活動状況などである。

## 調査B：高校生対象聞き取り調査

2017年7月28日にA高校で3年生男子1名（以下，A-S），8月30日にB高校で3年生男子2名（以下，B-S1，B-S2），9月11日にC高校で3年生男子1名（以下，C-S1），3年生女子1名（以下，C-S2）に対して，約30分間の半構造化インタビューを実施した。主な聞き取り内容は，C.A.P.を始めたきっかけ，活動を通して得た気づき・学び，活動を活性化させるために必要だと思うこと，警察関係者等と一緒に活動することについてなどである。なお，以下，本文中の口述記録の下線は筆者が付記したものである。調査C・調査Dについても同様である。

## 調査C：教員対象聞き取り調査

2017年7月28日にA高校で生徒課の教諭（生徒指導主事）1名（以下，A-T），8月30日にB高校で生徒課の教諭1名（以下，B-T），9月11日にC高校で生徒

課の教諭（生徒指導主事）1名（以下，C-T）に対して，約30分間の半構造化インタビューを実施した。主な聞き取り内容は，高校生がC.A.P.で活動する意義，先生から見た高校生のC.A.P.の認識，C.A.P.の教育課程上の位置づけ，警察との円滑な連携のために求められること，C.A.P.の課題と今後の展望などである。

**調査D：警察関係職員対象聞き取り調査**

2017年8月28日に西条西警察署で生活安全課職員1名（以下，P-1）・防犯協会職員1名（以下，P-2），2017年8月30日に西条警察署で生活安全課長（以下，P-3）・防犯協会事務局長（以下，P-4）に対して，約30分間の半構造化インタビューを実施した。主な聞き取り内容は，高等学校との円滑な連携のために求められること，C.A.P.の取組みの効果，C.A.P.の課題と今後の展望などである。

## （1）教育課程外活動としてのC.A.P.

5校の学校要覧には，校務分掌（特に生徒指導関連）の中にC.A.P.に関する記述があることを確認したが，C.A.P.そのものは教育課程の「外」に位置づく活動である。そのため，C.A.P.の活動の性格上，授業時間帯に活動に取り組むためには，学校長の理解が必要となる。換言すれば，学校長の理解がないと成立しない活動であるということである。

A-T

　<u>教育課程外ですね。部活動的なところですね。</u>……外部活動的な取り扱いなので，非常に難しい立ち位置ではあると思います，うちが取り組んでいるのは。……例えばビラ配るときに警察の方は，できたら昼の人が多いときのスーパーとか，そういう所で配ってほしいんですよね。<u>でも学校の立場からいうと，授業中になるんですよね。授業を公欠扱いで，今は行かしてもらっているんですけど，</u>……学校も警察と協力しながら，いろいろな活動をやっていきましょういう中で，歴代の校長先生にまずご理解を頂いてOKをもらう。……2時間目，3時間目をカットして<u>公欠で行かす</u>ということになると，学校長の許可になる

のでなかなかできにくいというのと，やっぱり校長先生が代わられたときに
C.A.P.の活動を知らない，なんでこんなことをするのっていう方もおられるし，
それ何なのっていうのもおられるので，それを説明して理解してもらってやる
いうこともあるとは思うんです。

C-T
　学校長の判断なんですよ。今の校長が割と理解がある人なんで，じゃあ校長，
行かしてやってくれっていう感じ。……現実的に学校の活動で，行かせれる子
はやっぱり行かすんの思うんですけど，その判断はあくまでも学校長に任さ
れているんですよね。……やっぱり学校の教育課程の活動ではないということ
です。公欠には認めてもらいはしていただけますけど。

　また，教育課程外活動であることと合わせて，学校外での活動が中心になっ
ているが故に，C.A.P.以外の生徒には，C.A.P.の具体的な活動については知ら
れていないのではないかと捉えていることがわかる。また，教育課程外活動と
いう位置づけ上，周知する難しさがあると考えていることも示された。

B-T
　生徒もあんまり活動の様子を，一応学校のホームページに上げたりとか，そ
ういう中には，警察の方から飲酒喫煙防止ポスターとかですね。そんなんを募
る機会があるんで，そんなんでちょっとは知ってるかもしれないけど，多分ほ
とんどあんまりどんなことやってるかっていうのは分かってないと思いますね。
年に3，4回ある駅前のとか…。フジグランのとかでしか見ないので，警察と
連携してビラ配りしてるなとかいうことは目の当たりにした生徒は分かってる
とは思いますけども。

C-T
　ほとんど知らないと思います。……C高校の中の一つの委員会とか，生徒会

活動というとまた，違いますよね。だから，今も言いよったけど，それだけを大前提にして，生徒に下ろすいうことは，現況，学校教育の今の考え方からして難しいと思うんですよ。……この活動自体が西条署，西条西署，西条市内限定のものなんで，やっぱり一般の人にしても，生徒にしても，教員にしても，どうしても認知度が広がらない現状はあるんですよね。

A–T

　全校生徒，1年生のときに全部説明しますから，C.A.P.のことは知ってますし，自転車の施錠調査も月に1回やりよるんです。やっぱり盗難に遭うので，学校内において，夜，自転車も必ず鍵を掛けましょうねっていうときに，係の者がクラス担任通して呼び掛けるんです。「C.A.P.が今日，施錠調査しますので，必ず鍵を掛ける習慣を付けましょう」言うて。で，鍵を掛けた率をまた2，3日後に各担任に発表しますので，C.A.P.は毎月こういうことをしよんやなあいうんは，子どもら全員分かっておりますし，教職員もそういうことしよんやなあいうのは分かってくれていると思います。

　学校長の理解の下で展開しているC.A.P.であるなら，主導権は学校にあるように思われるが，実際はそうではなく，警察主導の活動として行われているという現実がある。C.A.P.の活動そのものに対しては，学校側も警察側も，生徒の規範意識の育成などの面から意義があると捉えているが，いくら学校長の理解があるとはいえ，学校側にしてみれば教育課程外活動であるC.A.P.を自ら精力的に行うことは難しいという側面があるのかもしれない。また，学校間で活動に関する合意形成をした上で取り組むとなると，調整等に関してそれ相応の労力が必要になり，それも警察主導の活動になっている一因であると思われる。結果として，警察側が企画・運営している活動に学校側が参加しているという実態に落ち着いているのではないかと考えられる。

A-T

　ぶっちゃけた話，警察の方も，例えばこういう活動していますよいうんがほしいんですよね。地域のために，例えば振り込め詐欺が多いけん，それを防止する策とか，交通安全事故が，高齢者が多なったけん，それを防止するのとか，そういうのをやりたい警察と，うちとしては子どもたちの活動を，そういうボランティア活動を通じて高めていく，規範意識を高めていきたいという活動がマッチしているので，警察の方としてはいろいろと提案はしてくれます。こんなんがあるけどどうって。


B-T

　実際には警察の方から依頼されてという形が多いんで，円滑に進めていくためには，連絡を密に取っていくようなこととか。あとは，高校生のマナーを向上させることによって，学校の信頼を高めていくっていう，そういう貢献の仕方というか。


C-T

　5高校のC.A.P.が集まって，じゃ，市内全体で西署と西条署でしようと言った場合には，なかなかその流れには乗りにくいだろうと。こっち側，学校側の5高校の生徒指導担当が協議をして，……両方に説明して，これやってみるというのはあるかもわからんですけど，今の現状ではなかなか，それ難しい。


　警察主導であるがゆえに，学校と警察が円滑な連携をするためには，警察側はC.A.P.担当教員との引継ぎが重要であると認識していることがわかる。C.A.P.担当教員によって活動への関わり方が変わり得る，あるいは，警察の担当者によっても活動の在り方が変わり得るため，両者の関係性を安定したものにすることがC.A.P.の継続・発展のためには不可欠な要素になるのではないかと推察できる。

P-4

　先生も入れ替わるじゃないですか。2年とか3年たってですね，公務員と同じように，学校も替わったりするというふうなところで，先生間の引き継ぎ，後任の先生にきちんと引き継がれていないこともあるんかなと。長年このC.A.P.に携わっておられる先生なんかはよくわかっとって，ちゃんとやってくれるんですけれども。新しい先生が入ったときにですね，ちょっとやり方が変わるというか，肩すかしというか，あんまり熱心じゃないなとか，いうふうなことは感じるときありますね。


P-1

　人のカラーにもよると思うんですけれども，分かりやすく言うと，熱心な先生がいるから，人も出していただけるし。学業優先ですよって言われた場合には，その人が出ないとかってことにもなりますので，そこが一番大きいかなと思います。学校に1人，ご理解していただける人がいるっていうのは，こちらとしては，どうにもならないことなので，生徒さんを出していただける，出していただかないは。お願いはしますけども。そこが大きいかなと思います。……人が変わるので，担当，警察の担当者が変わりますので，それが，その後どうなるかなっていうのは，私も分からないというか。まず人が変わったら，その人によって変わっていくんじゃないかと思いますね，やっぱ，先生の方も変わっても変わるし，警察が変わっても変わるんじゃないかなと思うんです。


## (2) 高校生がC.A.P.を始める経緯

　それでは，教育課程外活動であるC.A.P.について，学校内で生徒に対してどのように周知して，活動者を募集しているのかみてみよう。C.A.P.の活動が，原則として3年間継続することとなっているので，1年生に対して呼び掛けている。ただ，それだけでは希望者が少ないため，担任が個別に声をかけて誘っているというのが実態である。その時も，部活動をやっていなかったり，やっていても時間的に余裕があると思われる部活動に所属している生徒に対して，

その生徒の人間的な成長を願って，様々な他者と関わることができる場で体験してもらいたいという意味で勧めていることがうかがえる。

A-T

　一応全体に，最初のところ，係の者はC.A.P.の内容を説明して，職員に。担任から1年生全員に，「こういう活動やるけど希望者はいない？」って言うて，大体何人かは来ます，毎年。やってみたいいう子が数名は来ます。……放課後にあったりする活動もあるので，部活動でも文化系に入っておるとか，時間が余っている者，あるいは遠くから通っていなくて負担のかからない者を基本にやっているんですが，やっぱり1年生の担任，最初に募集を掛ける，3年間継続の分なんで，うちは。そのときにちょっと極端な話，元気がなかったり，ものが言えない子を担任さんが見つけて声を掛けている傾向がありますね。ちょっとこの子はいろいろそういう活動をさせて，将来人間関係つくろうかなあとか，うまくコミュニケーション能力を上げてやろうかなあいうところは，担任さんが考えられて，声を掛けられて選んできてくれるいうことはありますね。

B-T

　一応毎年，生徒には呼び掛けをして，特に1年生にはクラスでC.A.P.に興味のある子はいないか，募っていただけませんかというふうに，担任の先生には紹介してもらって，紹介するプリントをこっちで作成して，簡単なやつをですね，一応啓発はしてもらってます。でもなかなか立候補してくれる，手を挙げてくれる子がいないのが現状で，特に協力的な先生だと，部活動していない生徒に積極的に声掛けをしてくれて，じゃ，やりますみたいな感じで入ってる子が何人かいるという感じですね。

　ただ，現実問題として，教育課程外活動であるが故の人数確保の難しさがあるようである。そのため，生徒会活動，特に委員会活動とリンクさせて人員確保をしていた学校・時期もあったようである。ただ，それでは義務性・強制性

が出てくることから，ボランティアの本質と相反することになり，苦慮していることがうかがえる。

B-T

　以前は，風紀委員っていう学校の委員会，交通安全委員会とか体育委員会とか，そういう中の一つとして風紀委員があるんですけど，その風紀委員をC.A.P. イコールで活動させていたみたいです。そういう時期もあったみたいです。それだとスムーズだと思います。その中で部活動してる子もいると思うんで，部活動に支障がない子は参加するか，みたいな感じでとか，逆に人数が確保できなければ強制的にとか，学年で区切ってとかいうふうな感じで参加させることができるんですけれども。……人数確保できなくなれば，委員会の中に組み込んでいくのが，一番，人数を確保する上では簡単だと思いますね。なかなか立候補して，手を挙げてやってくれるっていう子が望めないと思うんで。

　実際にC.A.P.の活動に取り組んでいる生徒に，どういう経緯で活動を始めるに至ったかを聞くと，1年生の時に活動の存在を知り，自分から手を挙げた生徒がいる一方で，教員の見解にあるように，教員からの働きかけから興味を持ち，活動を始めるようになった生徒がいることがわかる。

A-S

　高校に入学して，担任の先生からC.A.P.っていう活動があるよっていうことを知らされて，その活動内容を聞いたらボランティアとか，あと防犯活動とかをしてるっていうことを教えていただいたんで，自分もそういうのに参加して，高校生として，大人になってからじゃなくて，高校生だからできることってあると思うんですよ。そういう所で自分の人間性も高めていけたらなあって思ったんで，自分はC.A.P.に参加させていただきました。

C-S1

　1年生のときに，入学してすぐだったかに，学年主任の今はおらんのですけど，先生が「やらんか」って僕に言ってきてくれて，話聞いていったら，なんか警察とつながるじゃないけど，手伝って協力してできるっていうので，面白そうって興味湧いたんで，それで始めるようになりました。


C-S2

　学年主任の先生にお声を掛けていただいて，私はその話を聞いたときに自分が他の生徒にはないことで，警察の方とつながって，地域に関して力になれるっていうところが，すごい自分として新しいことに挑戦できるなと思って，ぜひやりたいっていうことで，やらせていただきました。


## (3) C.A.P. に関する現状

　「「高校生防犯ボランティアC.A.P.」の活動を知っていますか」（以下，C.A.P.認知と略記する）に対して，「はい」とした回答に着目すると，全体では24.1％であった。男女別では，男子が女子より20.9ポイント多かった。学年別では，2年生より，1年生・3年生が約10〜15ポイント多かった。「「高校生防犯ボランティアC.A.P.」に興味がありますか」（以下，C.A.P.興味と略記する）で「はい」とした回答に着目すると，全体では20.0％であった。男女別では，女子が男子より5.9ポイント多かった。学年別では，1年生が，2年生・3年生より約5〜10ポイント多かった。「「高校生防犯ボランティアC.A.P.」の活動をしたことがありますか」（以下，C.A.P.経験と略記する）では，「はい」とした回答が全体では4.8％であった。男女別では，男子が女子より5ポイント弱多かった。「「高校生防犯ボランティアC.A.P.」の活動をやってみたいと思ったことはありますか」（以下，C.A.P.意欲と略記する）について，「はい」に着目すると，全体では13.2％であった。学年別では，2年生より，1年生・3年生が5ポイント前後多かった。

## 表3-4　C.A.P. に関する現状

（上段：人数，下段カッコ内：％）

| | | 全体 | 性別 | | | 学年 | | | |
|---|---|---|---|---|---|---|---|---|---|
| | | | 男子 | 女子 | χ²(1) | 1年生 | 2年生 | 3年生 | χ²(2) |
| C.A.P. 認知 | はい | 243 (24.1) | 189 (33.2) | 54 (12.3) | *** 58.98 | 104 (30.1) | 53 (15.5) | 86 (27.0) | *** 21.96 |
| | いいえ | 764 (75.9) | 380 (66.8) | 384 (87.7) | | 242 (69.9) | 289 (84.5) | 233 (73.0) | |
| C.A.P. 興味 | はい | 201 (20.0) | 99 (17.4) | 102 (23.3) | * 5.37 | 87 (25.1) | 54 (15.8) | 60 (18.8) | ** 9.81 |
| | いいえ | 806 (80.0) | 470 (82.6) | 336 (76.7) | | 259 (74.9) | 288 (84.2) | 259 (81.2) | |
| C.A.P. 経験 | はい | 48 (4.8) | 38 (6.7) | 10 (2.3) | ** 10.53 | 15 (4.3) | 14 (4.1) | 19 (6.0) | 1.48 |
| | いいえ | 959 (95.2) | 531 (93.3) | 428 (97.7) | | 331 (95.7) | 328 (95.9) | 300 (94.0) | |
| C.A.P. 意欲 | はい | 133 (13.2) | 67 (11.8) | 66 (15.1) | 2.34 | 61 (17.6) | 30 (8.8) | 42 (13.2) | ** 11.77 |
| | いいえ | 874 (86.8) | 502 (88.2) | 372 (84.9) | | 285 (82.4) | 312 (91.2) | 277 (86.8) | |
| 合計 | | 1007 (100.0) | 569 (100.0) | 438 (100.0) | | 346 (100.0) | 342 (100.0) | 319 (100.0) | |

\* p<.05，\*\* p>.01，\*\*\* p<.001

　これらの結果から，全体でみると，4人に1人はC.A.P.を認知しており，5人に1人は興味があると回答している。その一方で，実際に活動をしたことがある生徒は5％に満たない（20人に1人程度）実態であった。活動をやってみたい生徒が1割以上いることを勘案すると，C.A.P.を知っていて，興味があり，やってみたいと思ったが活動に至っていないという生徒が一定数存在するのではないかと考えられる。男女比較を概観すると，男子の方がC.A.P.を知っているが，興味があるのは女子であること，そして実際の活動は男子の方が多く取り組んでいることから，興味がある女子を活動しやすくする支援をすることがC.A.P.の拡充を考える際のポイントになるものと思われる。学年比較を概観すると，C.A.P.を認知しているのも，興味があるのも，活動意欲があるのも，他学年と比べて1年生のポイントが高い。1年生の意向を汲んだ支援ができると，C.A.P.の量的拡大につながるのではないかと考えられる。他方，2年生がどの

項目でも最も数値が小さかったことから，2年生への支援を合わせて展開することで，C.A.P.の底上げが可能になるのではないかと思われる。

　また，聞き取り調査から，C.A.P.の認知状況について，実際にC.A.P.の活動に取り組んでいる生徒自身，活動していない生徒には知られていないのではないかという思いを抱いていることがわかった。警察と一緒に取り組む活動という性質上，学校外での活動が多くなる。換言すれば，学校内での活動は少ないため，一般の生徒には知られておらず，学校内での情報共有を望んでいることが示された。


C-S2

　私たちの学校もそうなんですけど，委員会の発表とかもあって，そういうものの一環で，貴重な時間だと思うんですけど，その時間をいただいて，C.A.P.の活動に関して，この前こういうことをして，こういう結果が得られましたっていうふうに説明したら，みんながもっとC.A.P.に関しての理解が深まるんじゃないかなって考えています。


C-S1

　例えば，僕たちC.A.P.って言っても，なかなか今日もクラスの人に言われたんですけど，「C.A.P.って何？」ってよく言われるんです。それで，まだ，あんまり全然，認知されていないし，されてわかったとしても，それが実際にどんなものをしているのかっていうのは，全然多分，想像も，わかっとる人でも多分つかんと思うんです。僕らがこういう活動をしよるので，もっと，人数増やすじゃないですけど，もっとオープンに動けるようになったらすごく広がると思います。


A-S

　C.A.P.の生徒はすごい意欲的に参加してくれてて，僕も参加するんですけど，そのときもあまり休んでる人もなくて，すごい，何ていうんですかね，意識的

に参加してくださってる人が多いんですけど，やっぱり外での活動になると，あまり学校内では目に触れられないっていうんですかね，C.A.P.という単語は聞いたことあるとは思うんですけど，実際何をやってるとかは結構知らない人は多いって感じます。

　C.A.P.の認知状況に関する教員の見解も生徒と同様で，学校外での活動が中心になっているが故に，C.A.P.の具体的な活動については知られていないのではないかと捉えていることがわかる。また，教育課程外活動という位置づけ上，周知する難しさがあると考えていることも示された。その一方で，学校内で定期的に活動を行っている場合には，生徒は知っていると捉える声があったが，実際はそれほど認知されていないことがデータで示され，教員の意識と現実と乖離があることが明らかである。

B-T
　生徒もあんまり活動の様子を，一応学校のホームページに上げたりとか，そういう中には，警察の方から飲酒喫煙防止ポスターとかですね。そんなんを募る機会があるんで，そんなんでちょっとは知ってるかもしれないけど，多分ほとんどあんまりどんなことやってるかっていうのは分かってないと思いますね。年に3，4回ある駅前のとか……。フジグランのとかでしか見ないので，警察と連携してビラ配りしてるなとかいうことは目の当たりにした生徒はわかってるとは思いますけども。

C-T
　ほとんど知らないと思います。……C高校の中の一つの委員会とか，生徒会活動というとまた，違いますよね。だから，今も言いよったけど，それだけを大前提にして，生徒に下ろすいうことは，現況，学校教育の今の考え方からして難しいと思うんですよ。……この活動自体が西条署，西条西署，西条市内限定のものなんで，やっぱり一般の人にしても，生徒にしても，教員にしても，

どうしても認知度が広がらない現状はあるんですよね。

A-T

全校生徒，1年生のときに全部説明しますから，C.A.P.のことは知ってますし，自転車の施錠調査も月に1回やりよるんです。やっぱり盗難に遭うので，学校内において，夜，自転車も必ず鍵を掛けましょうねっていうときに，係の者がクラス担任通して呼び掛けるんです。「C.A.P.が今日，施錠調査しますので，必ず鍵を掛ける習慣を付けましょう」言うて。で，鍵を掛けた率をまた2,3日後に各担任に発表しますので，C.A.P.は毎月こういうことをしよんやなあいうんは，子どもら全員分かっておりますし，教職員もそういうことしよんやなあいうのは分かってくれていると思います。

## (4) 警察と一緒に活動する意義

警察と一緒に活動する意義については，質問紙調査では確認していないため，聞き取り調査の結果から確認することとする。

高校生にしてみると，活動が量的にも広がり，質的にも深まることを意義として捉えていることがわかる。高校生だけではなく，警察関係者や市民も一緒になって活動することが多いため，活動規模の拡充を図ることができる。また，啓発資料の配布や非行防止対策協議会での議論など，高校生だけではできないことが，警察の支援を受けることで可能になり，活動に深みが生まれることになる。さらに，活動を通して高校生自身の防犯意識の涵養にもつながっており，自分自身の意識を深めることにも寄与しているものと思われる。

A-S

例えば高校生だけがこれをやろうって言っても，どうしてもできる限界があると思うんですよ。ですけど警察の方とか，市の方とかが協力してくださることで，資金面とかでできる活動が増えてって，地域のためってどれだけ僕らが思ってても，どうしても材料とか人手がないとできないことが多くて，そう

いうところで警察の方がしっかりサポートしてくれるのは，すごいありがたいと思ってます。

C-S2
警察の方と一緒にするっていうことが，防犯意識を高めることになるので，そこは一緒に活動していてすごい自分自身もこれは気を付けないといけないって，改めて思うことできるので，そこはすごいすてきなことだと思います。

　教員も，高校生同様，警察との直接的な関わりを通して生徒自身の防犯意識・安全意識などが高まることを成果として捉えていることがわかる。それと同時に，生徒が，活動成果を自分自身だけではなく，地域社会にいかに還元するのか，社会貢献意識に気づくきっかけとなっていることも意義としていることがうかがえる。さらに，地域で警察と一緒に取り組んでいるC.A.P.の活動を，学校での学びとリンクして捉える契機となっているという認識も示された。また，警察と一緒の活動を重ねることで関係性が構築できてきて，生徒自身が安心感を持って自分から活動に取り組めるようになっている点に成長を認めていることも示された。

B-T
　まず警察の方が，どのようなことされているのかとかいうことも，学ぶことができると思いますし，あと，地域のためにどのようなことをすれば貢献できるのか，そういったことも，警察と連携することで，学ぶことができたんじゃないかというふうに思います。なんで，特にC.A.P.だと犯罪の予防とか，交通安全とか，そういうことなので，そういった意識も高めるきっかけにもなったんじゃないかなというふうに思います。

C-T
　通常，高校生の立場で悪いことして警察の世話になるということあると思う

んですけど，いいことをし，さらに高齢者であるとか，若年者に対して，いろ
んな広報とかの活動を通じて，地域の人に自分らがやったことを還元できるっ
ていう意味では，なかなかやっぱり学校の中で体験する以上の経験ができんの
で。……警察に協力するいうことを通じて，まさに，この防犯ボランティアと
いうことになると思うんですけど。そこに一つ意義があるんじゃないかなって
いうふうには思います。……経験をした生徒は警察官がどんな感じとか，広報
活動とか，オレオレ詐欺に必死で取り組んでいると。……学校で習ったことと，
自分たちがボランティア活動でやっていることと，警察がやっていることを自
分の中でつなげていくっていうことが，この実際にやった子じゃないとできん
ので，他の生徒とはちょっと違う感覚を生徒は持ってくれたんじゃないかなと
いう気はしますけど。

A-T

　最初は構えるんですけど，警察の方も2回目，3回目になると名前で呼んで
くれるので，本人のことを。そうすると最初の動きが2回目，3回目になって
くると，自分たちで動けるようになるいうのはありますね。最初は指示待ちで
ビラ配ったり，何とか行動するのもあれなんですが，やっぱり自分たちから動
けられるように，少し警察との距離が近くなるいうのは感じますね。


### (5) C.A.P.の活動経験の効果

　それでは，こうしたC.A.P.に関する現状がどのような影響を及ぼしているの
か，これまでに取り組んだことがある活動，自己認識，規範意識，警察に対す
るイメージとの関係に着目して分析する。


### ① これまでに取り組んだことがある活動

　これまでに取り組んだことがある活動について，まず，全体を概観すると，
「4. 環境美化活動」（50.0％）への取組みが最も多く，「1. 地域に貢献する交流活
動」（49.8％）がそれに次ぎ，この2つの活動は生徒の約半数が取り組んだこと

表3-5　これまでに取り組んだことがある活動

（上段：人数、下段カッコ内：%）

| | 全体 (n=1007) | C.A.P. 認知 はい (n=243) | C.A.P. 認知 いいえ (n=764) | χ²(1) | C.A.P. 興味 はい (n=201) | C.A.P. 興味 いいえ (n=806) | χ²(1) | C.A.P. 経験 はい (n=48) | C.A.P. 経験 いいえ (n=959) | χ²(1) | C.A.P. 意欲 はい (n=133) | C.A.P. 意欲 いいえ (n=874) | χ²(1) | C.A.P.「レディネス」上位群 (n=59) | C.A.P.「レディネス」中位群 (n=319) | C.A.P.「レディネス」下位群 (n=629) | χ²(2) |
|---|---|---|---|---|---|---|---|---|---|---|---|---|---|---|---|---|---|
| 1. 地域に貢献する交流活動 | 501 (49.8) | 151 (62.1) | 350 (45.8) | 19.66*** | 134 (66.7) | 367 (45.5) | 28.74*** | 39 (81.3) | 462 (48.2) | 20.00*** | 91 (68.4) | 410 (46.9) | 21.37*** | 47 (79.7) | 186 (58.3) | 268 (42.6) | 43.30*** |
| 2. 乳幼児との交流活動 | 422 (41.9) | 114 (46.9) | 308 (40.3) | 3.30 | 93 (46.3) | 329 (40.8) | 1.96 | 24 (50.0) | 398 (41.5) | 1.36 | 63 (47.4) | 359 (41.1) | 1.88 | 30 (50.8) | 144 (45.1) | 248 (39.4) | 4.90 |
| 3. 高齢者との交流活動 | 461 (45.8) | 120 (49.4) | 341 (44.6) | 1.68 | 120 (59.7) | 341 (42.3) | 19.61*** | 29 (60.4) | 432 (45.0) | 4.35* | 85 (63.9) | 376 (43.0) | 20.29*** | 37 (62.7) | 165 (51.7) | 259 (41.2) | 16.73*** |
| 4. 環境美化活動 | 503 (50.0) | 128 (52.7) | 375 (49.1) | 0.95 | 133 (66.2) | 370 (45.9) | 26.42*** | 29 (60.4) | 474 (49.4) | 2.21 | 86 (64.7) | 417 (47.7) | 13.27*** | 42 (71.2) | 173 (54.2) | 288 (45.8) | 17.34*** |
| 5. あいさつ運動 | 414 (41.1) | 116 (47.7) | 298 (39.0) | 5.81* | 113 (56.2) | 301 (37.3) | 23.67*** | 35 (72.9) | 379 (39.5) | 21.06*** | 82 (61.7) | 332 (38.0) | 26.71*** | 46 (78.0) | 132 (41.4) | 236 (37.5) | 36.46*** |
| 6. 万引き防犯啓発活動 | 42 (4.2) | 21 (8.6) | 21 (2.7) | 16.02*** | 23 (11.4) | 19 (2.4) | 33.23*** | 19 (39.6) | 23 (2.4) | 158.14*** | 20 (15.0) | 22 (2.5) | 45.28*** | 17 (28.8) | 9 (2.8) | 16 (2.5) | 95.26*** |
| 7. 自転車施錠点検 | 161 (16.0) | 51 (21.0) | 110 (14.4) | 5.96* | 43 (21.4) | 118 (14.6) | 5.46* | 23 (47.9) | 138 (14.4) | 38.25*** | 38 (28.6) | 123 (14.1) | 18.06*** | 25 (42.4) | 43 (13.5) | 93 (14.8) | 32.75*** |
| 8. 非行防止キャンペーン | 80 (7.9) | 30 (12.3) | 50 (6.5) | 8.48** | 32 (15.9) | 48 (6.0) | 21.85*** | 22 (45.8) | 58 (6.0) | 98.94*** | 26 (19.5) | 54 (6.2) | 28.22*** | 19 (32.2) | 23 (7.2) | 38 (6.0) | 50.83*** |
| 9. 未成年者の飲酒・喫煙防止啓発活動 | 100 (9.9) | 35 (14.4) | 65 (8.5) | 7.16** | 35 (17.4) | 65 (8.1) | 15.72*** | 27 (56.3) | 73 (7.6) | 120.90*** | 31 (23.3) | 69 (7.9) | 30.66*** | 24 (40.7) | 21 (6.6) | 55 (8.7) | 67.35*** |
| 10. 振り込め詐欺防止啓発活動 | 51 (5.1) | 30 (12.3) | 21 (2.7) | 35.32*** | 26 (12.9) | 25 (3.1) | 32.36*** | 22 (45.8) | 29 (3.0) | 174.24*** | 26 (19.5) | 25 (2.9) | 66.87*** | 23 (39.0) | 9 (2.8) | 19 (3.0) | 149.98*** |
| 11. 中学校・高校合同登校指導 | 69 (6.9) | 25 (10.3) | 44 (5.8) | 5.93* | 20 (10.0) | 49 (6.1) | 3.78 | 10 (20.8) | 59 (6.2) | 15.44*** | 19 (14.3) | 50 (5.7) | 13.27*** | 11 (18.6) | 24 (7.5) | 34 (5.4) | 15.14** |

\* p<.05, \*\* p<.01, \*\*\* p<.001

がある活動であることが示された。「3. 高齢者との交流活動」(45.8%)、「2.乳幼児との交流活動」(41.9%)、「5. あいさつ運動」(41.1%) は4割以上の生徒が該当した。その一方で、「6. 万引き防止啓発活動」(4.2%) や「10. 振り込め詐欺防止啓発活動」(5.1%) などに取り組んだことがある生徒は少ないことがわかった。

　ここに掲げた11の活動内容であるが、基本的にはC.A.P.の活動内容に準じたものである。そのため、C.A.P.経験のある生徒の方が体験しているのはある意味で当然の結果であるかもしれない。ただ、C.A.P.経験のある生徒全員が共通して取り組んだことがある活動はなく、C.A.P.の活動といっても多岐にわたっており、そこから得る学びや気づきも異なってくるであろうことが推察できる。他方で、「6. 万引き防止啓発活動」「8. 非行防止キャンペーン」「9. 未成年者の飲酒・喫煙防止啓発活動」「10. 振り込め詐欺防止啓発活動」は約40〜50ポイントの開きがあり、C.A.P.の独自性の強い活動であると捉えることができるものと思われる。

　また、C.A.P.認知、C.A.P.興味、C.A.P.意欲とも、概ね「はい」という回答の生徒の方が取り組んだことがある割合が多く、C.A.P.に対して肯定的なスタンスでいる生徒ほどこれらの活動に親和的であることが考えられる。その一方で、「2. 乳幼児との交流活動」については、C.A.P.認知、C.A.P.興味、C.A.P.経験、C.A.P.意欲のすべてで有意な差は認められなかった。その要因は様々であると思われるが、調査対象の5校が体験活動を積極的に推進しているなかで、この「2. 乳幼児との交流活動」に比較的多く取り組まれているためではないかと考えられる。

　C.A.P.認知、C.A.P.興味、C.A.P.経験、C.A.P.意欲の4設問の中で、実態であるC.A.P.経験を除く3つ（C.A.P.認知、C.A.P.興味、C.A.P.意欲）を合わせてC.A.P.「レディネス」とする。3つの設問の回答ですべて「はい」であった生徒を「レディネス」上位群、「はい」が1〜2つの生徒を「レディネス」中位群、「はい」がなかった生徒を「レディネス」下位群として分析した。その結果、「レディネス」上位群の取組みが多いことが明らかとなり、C.A.P.「レディネス」

が高く，C.A.P.に前向きな姿勢の生徒ほど活動的であることが推察される。

## ② 自己認識

　自己認識に関して，設問「普段のあなたにどの程度あてはまりますか。」で，「まったくあてはまらない」1点，「あまりあてはまらない」2点，「どちらともいえない」3点，「ややあてはまる」4点，「とてもあてはまる」5点として平均点・標準偏差を算出した（5点満点）。全体を概観すると，「(14) 頼りにできる人がいる」(4.10点) が最も得点が高く，以下，「(8) 自分が今いるグループや集団の人たちを信頼することができている」(3.82点)，「(13) 自分が今いるグループや集団の一員であることを実感している」(3.66点)，「(18) 誰に対しても思いやりをもって接することができている」(3.66点) が続き，信頼感に関する項目が上位であった。他方，「(10) 欠点も含めて自分のことが好きだ」(2.93点) や「(19) 自分自身に納得している」(3.06点)，「(5) 今の自分に満足している」(3.10点) の得点が低く，自己受容に関する項目が下位であった。

　生徒のインタビューでは，C.A.P.の活動を通して，地域の役に立てていることを実感していること，また，自分から意思表示ができるようになるなど自分自身で変化を感じていることなどが示されており，自己有用感を抱いていることがうかがえる。

B-S1

　警察の方と一緒に活動できたことや，自分たちが呼び掛けたことによって，1人でも多くの人が，行動に気づけてもらったり，行動を考えてもらうきっかけになったりしたことが，よかったと思います。……警察の方々と一緒にできて，警察の方々だけでなく，自分たちも一緒にこの地域を，地域の生活などを，良くしていってるんだなという意識を持ててよかったです。

B-S2

　自分たちも市民の生活とかを守っているっていう気持ちになって，いい機会

になったと思います。

C-S2

　小さい頃から，人前に出るのが苦手であんまり自分を表現できなかったんですけど。でも，この<u>C.A.P.を通して，やっぱり人に自分から話し掛けていって，こういうことがあるんですっていう，自分の伝えたいことをきちんと伝えられるようになりました。</u>……オレオレ詐欺だったり，防災に関しての呼び掛けとかで配布，周ちゃん広場に行って，配布するような活動を通して。これはちょっと警察の方とお話ししていたことなんですけど，そういったものを地域の方にお声を掛けて渡すときに，警察の方だったり，大人の人だったりすると，どうしても距離を感じてしまうようで，そういうのを高校生がしてくれることによって，「すごく地域の人が親しみやすい」って言ってくださって。だから，そういうのはもちろん，大人の方もできるんですけど。<u>今，自分が高校生じゃないと感じられない地域の人との距離っていうものを感じることができて，自分がそこでやりたいと思ったきっかけに通じるんですけど。</u>C.A.P.として，地域の方と触れ合うことができるのをそこで強く感じました。


　警察関係者は，高校生の成長に関して，非行防止対策協議会での議論の様子から，意見表明できることや指導力がついてきていることを感じ取っている。また，3年間の変化を捉えて，成長の姿をより具体的に認識していることもわかる。いずれも，高校生が継続してC.A.P.の活動に取り組むことで得ることができた変化であると考えられる。


P-4

　普通ちょっと恥ずかしがったり，年齢的にですね，言いたいことも言わんかったりするんですけども，<u>結構グループ討議でも発言もしますし，それをとりまとめて発表するっていうのも子どもらがやったりして。</u>……その機会を持つっていうことで，それが当たり前になるっていうか，慣れてくるっていうんで

すかね。そういう機会を持ったらその子どもらなりに意見もハキハキ言うし，これは素晴らしいなと思いますね。それも年齢重ねていくとやっぱり，1年生で入ったばかりの子と，3年生で手慣れた子とやっぱり違いますし，上は下の学年を指導する，下が上を見習うっていうことで，そういう成長が段階的にも感じられるってとこありますよね。

P-1

　C.A.P.に入っている子自体は1年から3年までほぼ固定なので，特にこちらの方は，毎回，A高校は毎回毎回会うんですけども，もう1年生の頃，1年生のときは本当に頼りなさそうな子が3年生のときにはすごいしっかりしてるっていうのは，そう感じますね。定点で特に見ていきますので，私たちは。年に何回か会って，いうことなので，ある日突然グッとシャンとしてるなっていうのは3年生になってからは思います。話し合いのグループの，非行防止のグループの話し合いのときにも特に思うんですけども，最近の子はすごくはっきり大人に対して物おじせずに言うっていうのがありますので，そこを見てるとすごくしっかりしてきたないうふうには思いますね。全然1年生のとき恥ずかしがってしゃべらなかったような子が，卒業のときになったら，「あ，大丈夫です」みたいに言ったりするんで。「今度どこどこ行くんですよ」とかって，ちょっと普通に会話もできなかったような子がしたりするので，結構変わってきたなっていうのは，思ったりとか。

　C.A.P.認知，C.A.P.興味，C.A.P.経験，C.A.P.意欲とも，概ね「はい」という回答の生徒の得点が高く，C.A.P.に対して肯定的なスタンスでいる生徒ほど自己認識に対する意識が高いことが考えられる。特に，C.A.P.経験に関して，0.50点以上と得点差の大きい項目が14項目（C.A.P.認知0項目，C.A.P.興味1項目，C.A.P.意欲5項目）で比較的多く，活動経験のある生徒の自己認識に関する意識が高いことが推察される。
　また，項目に着目すると，「(3) 人のためになることを積極的にすることが

表3-6　自己認識

(上段：平均値，下段カッコ内：標準偏差)

| | 全体 | C.A.P.認知 | | | C.A.P.興味 | | | C.A.P.経験 | | | C.A.P.意欲 | | |
|---|---|---|---|---|---|---|---|---|---|---|---|---|---|
| | | はい | いいえ | t値 | はい | いいえ | t値 | はい | いいえ | t値 | はい | いいえ | t値 |
| (1) 積極的に周りの人と関わりをもつことができている | 3.44 (0.98) | 3.55 (0.98) | 3.40 (0.98) | 2.00 | 3.72 (1.01) | 3.37 (0.96) | 4.49*** | 4.08 (0.82) | 3.41 (0.98) | 4.71*** | 3.88 (0.98) | 3.37 (0.97) | 5.60*** |
| (2) 全体的に他人を信じることができている | 3.34 (1.01) | 3.47 (1.02) | 3.29 (1.00) | 2.39* | 3.61 (1.09) | 3.27 (0.98) | 4.27*** | 3.94 (1.06) | 3.31 (1.00) | 4.03*** | 3.72 (1.10) | 3.28 (0.98) | 4.77*** |
| (3) 人のためになることを積極的にすることができている | 3.39 (0.92) | 3.59 (0.93) | 3.33 (0.91) | 3.92*** | 3.76 (0.98) | 3.30 (0.88) | 6.11*** | 3.96 (1.03) | 3.36 (0.91) | 3.94*** | 3.90 (0.97) | 3.31 (0.89) | 7.05*** |
| (4) 今自分がいるグループや集団に自主的に加わっている | 3.57 (1.01) | 3.69 (0.94) | 3.53 (1.03) | 2.27* | 3.81 (1.02) | 3.51 (1.00) | 3.78*** | 4.02 (0.91) | 3.55 (1.01) | 3.50*** | 3.95 (0.97) | 3.51 (1.00) | 4.78*** |
| (5) 今の自分に満足している | 3.10 (1.08) | 3.25 (1.12) | 3.05 (1.07) | 2.49* | 3.29 (1.11) | 3.05 (1.07) | 2.83** | 3.65 (1.16) | 3.07 (1.07) | 3.38** | 3.28 (1.18) | 3.07 (1.06) | 2.07* |
| (6) 進んで人の役に立つことをすることができている | 3.30 (0.91) | 3.51 (0.89) | 3.24 (0.91) | 4.04*** | 3.67 (0.98) | 3.21 (0.87) | 6.00*** | 3.88 (0.87) | 3.28 (0.90) | 4.66*** | 3.81 (0.95) | 3.23 (0.88) | 6.69*** |
| (7) 今の自分を大切にしている | 3.56 (0.99) | 3.73 (0.97) | 3.51 (0.99) | 3.14** | 3.83 (1.03) | 3.50 (0.97) | 4.10*** | 3.94 (1.06) | 3.54 (0.98) | 2.52* | 3.90 (1.03) | 3.51 (0.97) | 4.12*** |
| (8) 自分がいるグループや集団の人たちを信頼することができている | 3.82 (1.04) | 3.91 (1.02) | 3.79 (1.04) | 1.54 | 3.96 (1.09) | 3.78 (1.02) | 2.03* | 4.06 (0.98) | 3.81 (1.04) | 1.78 | 3.95 (1.14) | 3.80 (1.02) | 1.51 |
| (9) 自分から進んで人の輪の中に入ることができている | 3.42 (1.09) | 3.50 (1.09) | 3.39 (1.09) | 1.33 | 3.64 (1.11) | 3.36 (1.08) | 3.16** | 3.96 (1.03) | 3.39 (1.09) | 3.72*** | 3.74 (1.06) | 3.37 (1.09) | 3.82*** |
| (10) 欠点も含めて自分のことが好きだ | 2.93 (1.11) | 3.14 (1.17) | 2.87 (1.08) | 3.28** | 3.17 (1.21) | 2.87 (1.08) | 3.38** | 3.50 (1.26) | 2.91 (1.10) | 3.65*** | 3.26 (1.27) | 2.88 (1.08) | 3.70*** |
| (11) 自分から進んで人と信頼関係をつくることができている | 3.35 (1.04) | 3.47 (1.04) | 3.31 (1.04) | 1.99 | 3.61 (1.14) | 3.29 (1.01) | 3.95*** | 3.88 (1.00) | 3.32 (1.04) | 3.61*** | 3.77 (1.10) | 3.29 (1.02) | 4.74*** |
| (12) 周囲の人々のために自主的に行動することができている | 3.31 (0.95) | 3.48 (0.96) | 3.26 (0.94) | 3.15** | 3.60 (0.97) | 3.24 (0.93) | 4.83*** | 3.79 (0.97) | 3.28 (0.94) | 3.55** | 3.72 (0.90) | 3.25 (0.94) | 5.46*** |

104

| | 全体 | C.A.P.認知 | | | C.A.P.興味 | | | C.A.P.経験 | | | C.A.P.意欲 | | |
|---|---|---|---|---|---|---|---|---|---|---|---|---|---|
| | | はい | いいえ | t値 | はい | いいえ | t値 | はい | いいえ | t値 | はい | いいえ | t値 |
| (13) 自分が今いるグループや集団の一員であることを実感している | 3.66 (1.01) | 3.70 (0.99) | 3.65 (1.02) | 0.74 | 3.86 (0.98) | 3.61 (1.01) | 3.26 ** | 4.02 (0.98) | 3.64 (1.01) | 2.63 * | 4.01 (0.95) | 3.61 (1.01) | 4.31 *** |
| (14) 頼りにできる人がいる | 4.10 (1.02) | 4.11 (0.97) | 4.10 (1.04) | 0.16 | 4.28 (0.97) | 4.05 (1.03) | 2.91 ** | 4.19 (0.96) | 4.09 (1.02) | 0.66 | 4.26 (1.04) | 4.07 (1.01) | 2.01 |
| (15) 自分には何かしら誇れるものがある | 3.34 (1.14) | 3.43 (1.12) | 3.31 (1.14) | 1.43 | 3.68 (1.09) | 3.26 (1.14) | 4.83 *** | 3.67 (1.12) | 3.33 (1.14) | 2.06 | 3.74 (1.10) | 3.28 (1.13) | 4.41 *** |
| (16) 困っている人に対して積極的に手助けすることができている | 3.57 (0.94) | 3.73 (0.95) | 3.52 (0.93) | 2.92 ** | 3.87 (0.97) | 3.50 (0.92) | 4.91 *** | 4.08 (1.01) | 3.55 (0.93) | 3.60 ** | 3.95 (1.01) | 3.52 (0.92) | 4.98 *** |
| (17) 自分が集団や社会のメンバーであるという自覚がある | 3.59 (0.95) | 3.77 (0.90) | 3.53 (0.95) | 3.52 *** | 3.89 (0.94) | 3.51 (0.93) | 5.04 *** | 4.00 (0.90) | 3.57 (0.94) | 3.26 ** | 4.00 (0.91) | 3.52 (0.94) | 5.50 ** |
| (18) 誰に対しても思いやりをもって接することができている | 3.66 (0.99) | 3.80 (0.90) | 3.62 (1.01) | 2.50 * | 3.92 (0.98) | 3.60 (0.98) | 4.10 *** | 4.06 (0.95) | 3.64 (0.98) | 2.98 ** | 3.99 (0.97) | 3.61 (0.98) | 4.20 *** |
| (19) 自分自身に納得している | 3.06 (1.03) | 3.24 (1.03) | 3.00 (1.03) | 3.15 ** | 3.21 (1.09) | 3.02 (1.02) | 2.41 * | 3.65 (1.06) | 3.03 (1.02) | 3.94 *** | 3.31 (1.08) | 3.02 (1.02) | 2.89 ** |
| (20) 他人のためでも自ら進んで力を尽くすことができている | 3.40 (0.96) | 3.61 (0.93) | 3.34 (0.96) | 4.02 *** | 3.81 (0.98) | 3.30 (0.93) | 6.56 *** | 4.02 (0.86) | 3.37 (0.95) | 5.06 *** | 3.87 (0.95) | 3.33 (0.94) | 6.16 *** |
| (21) 他人は自分をだましたりはしないと感じることができている | 3.16 (1.09) | 3.28 (1.05) | 3.13 (1.10) | 1.93 | 3.30 (1.13) | 3.13 (1.07) | 2.05 * | 3.21 (1.05) | 3.16 (1.09) | 0.31 | 3.36 (1.13) | 3.13 (1.08) | 2.26 * |
| (22) 自分で自分自身を認めることができている | 3.20 (1.00) | 3.34 (1.03) | 3.16 (0.99) | 2.37 * | 3.41 (1.08) | 3.15 (0.98) | 3.35 ** | 3.69 (0.95) | 3.18 (1.00) | 3.62 ** | 3.44 (1.11) | 3.17 (0.98) | 2.90 ** |
| (23) 周囲の人との活動に積極的に参加している | 3.35 (0.99) | 3.55 (1.01) | 3.29 (0.98) | 3.51 *** | 3.71 (1.01) | 3.26 (0.96) | 5.71 *** | 3.98 (0.96) | 3.32 (0.98) | 4.65 *** | 3.80 (1.00) | 3.28 (0.97) | 5.55 *** |
| (24) 周りの人を無闇に疑ったりは決してしない | 3.46 (1.07) | 3.59 (0.99) | 3.43 (1.09) | 2.08 * | 3.80 (1.07) | 3.38 (1.05) | 4.91 *** | 3.79 (1.09) | 3.45 (1.06) | 2.13 * | 3.76 (1.10) | 3.42 (1.05) | 3.35 ** |

\* $p<.05$, \*\* $p<.01$, \*\*\* $p<.001$

できている」(C.A.P.認知0.26点差，C.A.P.興味0.46点差，C.A.P.経験0.60点差，
C.A.P.意欲0.59点差)，「(6) 進んで人の役に立つことをすることができている」
(C.A.P.認知0.27点差，C.A.P.興味0.46点差，C.A.P.経験0.60点差，C.A.P.意欲0.58点
差)，「(20) 他人のためでも自ら進んで力を尽くすことができている」(C.A.P.認
知0.27点差，C.A.P.興味0.51点差，C.A.P.経験0.65点差，C.A.P.意欲0.54点差)，
「(23) 周囲の人との活動に積極的に参加している」(C.A.P.認知0.26点差，C.A.P.
興味0.45点差，C.A.P.経験0.66点差，C.A.P.意欲0.52点差) では得点差が比較的大
きかった。このことから，他者に対して貢献する意識について，C.A.P.に対し
て肯定的な捉えの生徒の意識が高いものと思われる。

　その一方で，「(8) 自分が今いるグループや集団の人たちを信頼することが
できている」(C.A.P.認知0.12点差，C.A.P.興味0.18点差，C.A.P.経験0.25点差，
C.A.P.意欲0.15点差)，「(14) 頼りにできる人がいる」(C.A.P.認知0.01点差，
C.A.P.興味0.23点差，C.A.P.経験0.10点差，C.A.P.意欲0.19点差)，「(21) 他人は自
分をだましたりはしないと感じることができている」(C.A.P.認知0.15点差，
C.A.P.興味0.17点差，C.A.P.経験0.05点差，C.A.P.意欲0.23点差) では得点差が小
さかった。このことから，信頼感に関してはC.A.P.に対する捉えの影響は比較
的小さいと考えられる。


### ③ 規範意識

　規範意識について，設問「人々の次のようなふるまいを目にしたとき，あな
たはどの程度「迷惑だ」と感じますか。」で，「まったく感じない」1点，「あま
り感じない」2点，「どちらともいえない」3点，「やや感じる」4点，「非常に感
じる」5点として平均点・標準偏差を算出した (5点満点)。

　全体を概観すると，「(10) 電車やバスに乗るために，並んで待っている人た
ちの横から割り込もうとすること」(4.69点) が最も得点が高く，以下，「(15) 他
人の自転車を倒してそのままにすること」(4.62点)，「(5) 路上にかんだガムを
捨てること」(4.54点) が続き，他者との関わりがある項目が上位であった。他
方，「(24) 買う気がないのに，本屋で立ち読みをすること」(3.20点) や「(17) 火

事や交通事故の現場を見に行くこと」(3.48点)，「(27) 授業中に，授業と関係のないことを友達としゃべること」(3.55点) などの項目は比較的得点が低く，自己完結的な内容の項目が下位であった。

　この規範意識に関して，C.A.P.の活動に取り組むことで，自分自身が他者の模範となるような言動や立ち居振る舞いをしなくてはならないという意識を持てるようになっていることがわかる。また，他者に対しても指摘できるようになるなど，自分自身の規範意識を基盤としながら，他者の規範意識向上にも目が向き，寄与しようとしていることがうかがえる。

B-S1
　C.A.P.の活動を通して自分たちがさまざまなことを呼び掛けたので，その呼び掛けたことに関して，自分たちも鍵を閉めるとかヘルメットかぶるとかそういう意識を，きちんとするようになりました。

C-S1
　自分が見本となって，他の生徒よりはしっかりせないかんっていう自覚がつきました。

A-S
　今までは，例えばポイ捨てをしてる人を見たりとか，そういうのを自分が気付いても，どうしても1人だと勇気が出ないとか，正しい行動と分かってても，どうしても人数が少ないとできないことってあると思ってて，そういうことがこういう団体に参加させていただいて，自分と同じ考えを持ってる人と関わっていくうちに，自分は間違ってないとか，しっかりだめなことはだめって言える，団体のときはもちろんなんですけど，個人として生活しているときにも，そういう正しい行いをできるようにはなったかなあと思います。

　C.A.P.興味では概ね「はい」という回答の生徒の得点が高く，得点をみても，

## 表3-7 規範意識

(上段：平均値，下段カッコ内：標準偏差)

| | 全体 | C.A.P.認知 はい | C.A.P.認知 いいえ | t値 | C.A.P.興味 はい | C.A.P.興味 いいえ | t値 | C.A.P.経験 はい | C.A.P.経験 いいえ | t値 | C.A.P.意欲 はい | C.A.P.意欲 いいえ | t値 |
|---|---|---|---|---|---|---|---|---|---|---|---|---|---|
| (1) 空き缶をポイ捨てすること | 4.28 (0.89) | 4.37 (0.80) | 4.25 (0.91) | 2.03* | 4.48 (0.75) | 4.23 (0.91) | 3.63*** | 4.48 (0.68) | 4.27 (0.89) | 2.02 | 4.52 (0.77) | 4.24 (0.90) | 3.34** |
| (2) ごみを分別せずに捨てること | 3.92 (0.99) | 3.98 (0.95) | 3.90 (1.00) | 1.15 | 4.03 (0.90) | 3.89 (1.01) | 1.74 | 4.02 (0.93) | 3.92 (0.99) | 0.75 | 4.02 (0.95) | 3.91 (0.99) | 1.21 |
| (3) 公衆トイレに落書きをすること | 4.35 (0.95) | 4.42 (0.91) | 4.33 (0.96) | 1.39 | 4.62 (0.75) | 4.29 (0.98) | 4.45*** | 4.56 (0.80) | 4.34 (0.96) | 1.85 | 4.58 (0.87) | 4.32 (0.96) | 2.96** |
| (4) 散歩させている犬のフンを始末しないこと | 4.48 (0.81) | 4.53 (0.69) | 4.47 (0.84) | 0.98 | 4.60 (0.73) | 4.45 (0.82) | 2.26* | 4.63 (0.70) | 4.48 (0.81) | 1.43 | 4.63 (0.73) | 4.46 (0.81) | 2.30* |
| (5) 路上にかんだガムを捨てること | 4.54 (0.79) | 4.56 (0.74) | 4.54 (0.80) | 0.32 | 4.72 (0.62) | 4.50 (0.82) | 3.62*** | 4.63 (0.73) | 4.54 (0.79) | 0.80 | 4.74 (0.64) | 4.51 (0.81) | 3.19** |
| (6) 駅や学校付近で、指定された区域以外に自転車等を置くこと | 3.81 (1.04) | 3.93 (1.03) | 3.77 (1.04) | 2.01 | 4.02 (1.04) | 3.76 (1.03) | 3.19** | 3.88 (1.21) | 3.81 (1.03) | 0.38 | 4.05 (1.09) | 3.77 (1.03) | 2.77** |
| (7) 電車やバスの中で、グループの人同士が大きな声でおしゃべりをすること | 4.25 (0.93) | 4.33 (0.87) | 4.22 (0.94) | 1.75 | 4.45 (0.85) | 4.20 (0.94) | 3.69*** | 4.38 (0.94) | 4.24 (0.93) | 0.98 | 4.41 (0.91) | 4.22 (0.93) | 2.28* |
| (8) 電車やバスなどで、混んでいるのに席をつめないこと | 4.30 (0.90) | 4.37 (0.80) | 4.28 (0.93) | 1.36 | 4.42 (0.84) | 4.27 (0.91) | 2.22* | 4.33 (1.04) | 4.30 (0.89) | 0.21 | 4.44 (0.90) | 4.28 (0.90) | 1.83 |
| (9) 電車やバスの中で携帯電話をかけること | 3.87 (1.09) | 4.00 (0.95) | 3.84 (1.13) | 2.01 | 3.99 (1.11) | 3.84 (1.08) | 1.67 | 4.00 (0.95) | 3.87 (1.10) | 0.94 | 3.98 (1.14) | 3.86 (1.08) | 1.13 |
| (10) 電車やバスに乗るために、並んで待っている人たちの横から割り込もうとすること | 4.69 (0.69) | 4.73 (0.63) | 4.68 (0.70) | 1.09 | 4.78 (0.65) | 4.67 (0.69) | 2.04* | 4.65 (0.81) | 4.70 (0.68) | 0.42 | 4.79 (0.70) | 4.68 (0.68) | 1.74 |
| (11) 自転車に乗りながら、あるいは歩きながら携帯電話をかけること | 3.57 (1.12) | 3.74 (1.07) | 3.52 (1.13) | 2.71** | 3.82 (1.00) | 3.51 (1.14) | 3.55*** | 3.58 (1.24) | 3.57 (1.11) | 0.07 | 3.77 (1.08) | 3.54 (1.12) | 2.31* |
| (12) 交通量の多い場所で、並列して自転車に乗っていること | 4.13 (0.94) | 4.25 (0.86) | 4.09 (0.96) | 2.47* | 4.34 (0.80) | 4.08 (0.96) | 4.05*** | 4.23 (0.91) | 4.12 (0.94) | 0.78 | 4.32 (0.84) | 4.10 (0.95) | 2.81** |
| (13) 人通りの激しい場所で、グループが横にって歩くこと | 4.29 (0.89) | 4.34 (0.76) | 4.27 (0.92) | 0.96 | 4.44 (0.73) | 4.25 (0.92) | 2.66** | 4.38 (0.73) | 4.29 (0.89) | 0.81 | 4.46 (0.75) | 4.26 (0.90) | 2.37* |
| (14) 夜、無灯火のままで自転車にのること | 3.96 (1.06) | 4.06 (0.96) | 3.93 (1.08) | 1.76 | 4.13 (1.03) | 3.92 (1.06) | 2.53* | 4.19 (1.00) | 3.95 (1.06) | 1.58 | 4.10 (1.09) | 3.94 (1.05) | 1.53 |

| | 全体 | C.A.P.認知 | | | C.A.P.興味 | | | C.A.P.経験 | | | C.A.P.意欲 | | |
|---|---|---|---|---|---|---|---|---|---|---|---|---|---|
| | | はい | いいえ | t値 | はい | いいえ | t値 | はい | いいえ | t値 | はい | いいえ | t値 |
| (15) 他人の自転車を倒してそのままにすること | 4.62 (0.72) | 4.65 (0.64) | 4.62 (0.74) | 0.63 | 4.77 (0.58) | 4.59 (0.75) | 3.17** | 4.79 (0.54) | 4.61 (0.73) | 1.66 | 4.74 (0.66) | 4.61 (0.73) | 1.96 |
| (16) コンビニーの前にたむろして、話をしていること | 3.98 (1.08) | 3.93 (1.08) | 3.99 (1.08) | 0.76 | 4.11 (0.98) | 3.94 (1.10) | 1.96 | 4.23 (1.02) | 3.96 (1.08) | 1.76 | 4.10 (1.05) | 3.96 (1.08) | 1.43 |
| (17) 火事や交通事故の現場を見に行くこと | 3.48 (1.14) | 3.42 (1.09) | 3.50 (1.16) | 1.05 | 3.69 (1.09) | 3.43 (1.15) | 2.96** | 3.48 (1.13) | 3.48 (1.14) | 0.01 | 3.64 (1.12) | 3.46 (1.15) | 1.75 |
| (18) 混雑しているレストランで、荷物だけを先に置いて席を取りすること | 3.72 (1.20) | 3.79 (1.23) | 3.70 (1.19) | 0.94 | 3.88 (1.17) | 3.68 (1.20) | 2.07* | 3.75 (1.31) | 3.72 (1.19) | 0.15 | 3.92 (1.21) | 3.69 (1.19) | 2.00 |
| (19) バイキング形式の食事で、食べきれないほど料理をとってきて残すこと | 4.02 (1.06) | 4.09 (1.06) | 4.01 (1.06) | 1.05 | 4.20 (0.99) | 3.98 (1.07) | 2.83** | 4.00 (1.20) | 4.03 (1.05) | 0.15 | 4.20 (1.06) | 4.00 (1.06) | 2.00 |
| (20) 一度手にした商品を元の場所に戻さないこと | 4.10 (0.99) | 4.14 (1.01) | 4.09 (0.99) | 0.69 | 4.25 (0.94) | 4.06 (1.00) | 2.60** | 4.35 (0.84) | 4.08 (1.00) | 2.16* | 4.26 (0.95) | 4.07 (1.00) | 2.14* |
| (21) 病院、映画館、レストランなどで大きな声をだしたり笑ったりすること | 4.40 (0.88) | 4.51 (0.75) | 4.37 (0.91) | 2.27* | 4.64 (0.69) | 4.34 (0.91) | 4.34*** | 4.63 (0.64) | 4.39 (0.89) | 1.80 | 4.60 (0.73) | 4.37 (0.90) | 2.80** |
| (22) 夜中に、近所へ聞こえるほどの大きな音で音楽を聴くこと | 4.33 (0.94) | 4.41 (0.85) | 4.31 (0.96) | 1.45 | 4.57 (0.79) | 4.27 (0.96) | 4.10*** | 4.31 (1.01) | 4.33 (0.93) | 0.14 | 4.47 (0.90) | 4.31 (0.94) | 1.94 |
| (23) 間違い電話をかけてもあやまらずに切ってしまうこと | 3.99 (1.06) | 3.97 (1.10) | 4.00 (1.06) | 0.31 | 3.97 (1.12) | 4.00 (1.05) | 0.36 | 3.92 (1.24) | 3.99 (1.06) | 0.49 | 3.95 (1.15) | 4.00 (1.05) | 0.38 |
| (24) 買う気がないのに、本屋で立ち読みをすること | 3.20 (1.20) | 3.21 (1.21) | 3.20 (1.20) | 0.14 | 3.42 (1.22) | 3.15 (1.20) | 2.79** | 3.23 (1.42) | 3.20 (1.19) | 0.15 | 3.42 (1.29) | 3.17 (1.19) | 2.23* |
| (25) 友達に「お金を貸して」と頼むこと | 3.59 (1.18) | 3.53 (1.17) | 3.61 (1.18) | 1.01 | 3.69 (1.17) | 3.57 (1.18) | 1.27 | 3.65 (1.25) | 3.59 (1.18) | 0.30 | 3.61 (1.27) | 3.59 (1.16) | 0.16 |
| (26) 授業や講演会などで、携帯電話のスイッチを切らなかったり、マナーモードにしないこと | 4.08 (1.03) | 4.17 (0.95) | 4.05 (1.06) | 1.66 | 4.32 (0.92) | 4.02 (1.05) | 3.96*** | 4.31 (0.97) | 4.07 (1.03) | 1.68 | 4.26 (1.00) | 4.05 (1.03) | 2.23* |
| (27) 授業中に、授業と関係のないことを友達としゃべること | 3.55 (1.11) | 3.56 (1.06) | 3.55 (1.13) | 0.18 | 3.86 (1.07) | 3.48 (1.11) | 4.46*** | 3.69 (1.15) | 3.55 (1.11) | 0.83 | 3.79 (1.15) | 3.52 (1.10) | 2.56* |
| (28) 授業や講演会が始まっていても、音を立てて入ってくること | 4.03 (1.02) | 4.10 (0.93) | 4.00 (1.05) | 1.33 | 4.28 (0.93) | 3.96 (1.04) | 4.28*** | 4.19 (1.02) | 4.02 (1.02) | 1.11 | 4.29 (0.98) | 3.99 (1.03) | 3.36*** |
| (29) 図書館で声の大きさを気にしないでしゃべること | 4.33 (0.91) | 4.37 (0.82) | 4.31 (0.93) | 0.78 | 4.56 (0.75) | 4.27 (0.93) | 4.15*** | 4.38 (0.87) | 4.32 (0.91) | 0.40 | 4.53 (0.84) | 4.30 (0.91) | 2.73** |

* $p<.05$, ** $p<.01$, *** $p<.001$

0.30点以上と得点差の大きい項目が7項目（C.A.P.認知0項目，C.A.P.経験0項目，C.A.P.意欲0項目）あり，C.A.P.に対して興味がある生徒ほど規範意識が高いことが示された。他方，C.A.P.認知で得点に有意な差があったのは4項目（0.12〜0.22点差），C.A.P.経験で得点に有意な差があったのは1項目（0.27点差）で，得点差のある項目が少なく，C.A.P.認知やC.A.P.経験は規範意識に大きな影響はないことが推察される。

　また，項目に着目すると，「(1) 空き缶をポイ捨てすること」（C.A.P.認知0.12点差，C.A.P.興味0.25点差，C.A.P.経験0.21点差，C.A.P.意欲0.28点差），「(21) 病院，映画館，レストランなどで大きな声をだしたり笑ったりすること」（C.A.P.認知0.14点差，C.A.P.興味0.30点差，C.A.P.経験0.24点差，C.A.P.意欲0.23点差），「(26) 授業や講演会などで，携帯電話のスイッチを切らなかったり，マナーモードにしないこと」（C.A.P.認知0.12点差，C.A.P.興味0.30点差，C.A.P.経験0.24点差，C.A.P.意欲0.21点差）では得点差が比較的大きかった。このことから，静寂な環境確保などに関する意識について，C.A.P.に対して肯定的な捉えの生徒の意識が高いものと思われる。

## ④ 警察に対するイメージ

　警察に対するイメージについて，「親切な（1点）〜不親切な（5点）」，「頼もしい（1点）〜頼りない（5点）」，「優しい（1点）〜厳しい（5点）」，「陽気な（1点）〜陰気な（5点）」，「親しみやすい（1点）〜親しみにくい（5点）」の5項目で平均点・標準偏差を算出した（5点満点）。そのため，平均点が小さい方が肯定的なイメージということになる。

　全体を概観すると，「頼もしい〜頼りない」（2.30点），「親切な〜不親切な」（2.31点）であることから，頼もしい・親切なイメージがある一方で，「親しみやすい〜親しみにくい」（3.17点），「陽気な〜陰気な」（2.75点），「優しい〜厳しい」（2.63点）であり，親しみにくい・陰気な・厳しいというイメージも強いことがわかった。

　高校生のインタビューでは，一緒に活動する前は否定的なイメージであった

ものが，C.A.P.の活動を通して警察のイメージがプラスに変わったことが示された。そうした実感があるからこそ，警察との関わりが増えることを望んでいるようである。

A-S

中学生のときとかは警察に対してあまりいいイメージが正直なくて，例えば警察っていったら言葉は悪いんですけど，隠れてスピード違反取り締まったりとかっていうイメージしかなかったんですけど，こういう活動に参加して警察の方と関わらせてもらううちに，本当に警察の方は僕らとか市民の人のためを思ってやってくれてて，そういうことをして減ってる犯罪も多いし，普通に生活してたら気付かないだけで，結構いろいろな所で活動してくださってて，そういう所で自分たちもそういうところは協力したり，見習わないとだめなところは多いんじゃないかって感じるようにはなりました。

C-S1

ちょっと警察って最初，始める前はちょっと怖いものだと思っていたんですけど，周ちゃん広場とかで接したりして。そこで，すごく丁寧に説明もしてくれるし，優しいし，すごい頼りがいがあるなって思いました。……C.A.P.をやっていて，警察は優しいものとか，接しやすいものっていうことが実感することができたんで。あんまりそういうことを実感できる生徒っていうのは，あんまり警察と関わりないんで，ないと思うんで，もっと警察との関わりを増やしてもらえたらいい。

C-S2

最初すごい堅いとか，厳しいっていうイメージがあったんですけど，周ちゃん広場の活動とかを通して，やっぱり地域の安全というか，環境を守るということに関して，すごい人と近い距離で接してくださっているので。やっぱり警察っていうのは，職業としては遠い存在かもしれないんですけど，そこに一緒

## 表3-8　警察に対するイメージ（1）

(上段：平均値，下段カッコ内：標準偏差)

| | 全体 | C.A.P. 認知 | | t 値 | C.A.P. 興味 | | t 値 |
|---|---|---|---|---|---|---|---|
| | | はい | いいえ | | はい | いいえ | |
| 親切な(1)〜<br>不親切な(5) | 2.31<br>(1.04) | 2.16<br>(1.09) | 2.35<br>(1.02) | 2.40<br>* | 1.97<br>(1.02) | 2.39<br>(1.03) | ***<br>5.26 |
| 頼もしい(1)〜<br>頼りない(5) | 2.30<br>(1.13) | 2.20<br>(1.16) | 2.33<br>(1.12) | 1.53 | 1.89<br>(1.02) | 2.40<br>(1.14) | ***<br>5.76 |
| 優しい(1)〜<br>厳しい(5) | 2.63<br>(1.13) | 2.51<br>(1.15) | 2.67<br>(1.12) | 1.93 | 2.26<br>(1.09) | 2.72<br>(1.12) | ***<br>5.35 |
| 陽気な(1)〜<br>陰気な(5) | 2.75<br>(0.97) | 2.72<br>(1.05) | 2.76<br>(0.95) | 0.49 | 2.52<br>(0.98) | 2.80<br>(0.96) | ***<br>3.77 |
| 親しみやすい(1)〜<br>親しみにくい(5) | 3.17<br>(1.21) | 3.08<br>(1.30) | 3.20<br>(1.18) | 1.33 | 2.81<br>(1.27) | 3.26<br>(1.18) | ***<br>4.78 |

| | C.A.P. 経験 | | t 値 | C.A.P. 意欲 | | t 値 |
|---|---|---|---|---|---|---|
| | はい | いいえ | | はい | いいえ | |
| 親切な(1)〜<br>不親切な(5) | 2.15<br>(1.26) | 2.32<br>(1.03) | 0.93 | 1.89<br>(1.04) | 2.37<br>(1.02) | ***<br>5.02 |
| 頼もしい(1)〜<br>頼りない(5) | 2.06<br>(1.29) | 2.31<br>(1.13) | 1.18 | 1.84<br>(0.99) | 2.36<br>(1.14) | ***<br>5.02 |
| 優しい(1)〜<br>厳しい(5) | 2.33<br>(1.26) | 2.64<br>(1.12) | 1.68 | 2.26<br>(1.14) | 2.69<br>(1.12) | ***<br>3.99 |
| 陽気な(1)〜<br>陰気な(5) | 2.67<br>(1.16) | 2.75<br>(0.96) | 0.59 | 2.52<br>(1.09) | 2.78<br>(0.95) | **<br>2.92 |
| 親しみやすい(1)〜<br>親しみにくい(5) | 2.85<br>(1.44) | 3.19<br>(1.20) | 1.87 | 2.83<br>(1.35) | 3.23<br>(1.18) | ***<br>3.55 |

\* p<.05,　\*\* p<.01,　\*\*\* p<.001

に住んでいるというか，生活している限り，同じ人なんだなっていうのはすごい感じました。

　この結果から，C.A.P.に興味がある生徒，C.A.P.をやってみたいと思ったことがある生徒は警察に対するイメージが肯定的なものであることがわかった。他方，C.A.P.の活動経験の有無によるイメージの違いはないことも明らかになった。認知や経験よりも，興味や意欲などC.A.P.に対して能動的な意識のある生徒の方が，頼もしい・優しい・親切・親しみやすいなど，警察に対するイメー

## 表3-9　警察に対するイメージ（2）

（上段：人数，下段カッコ内：%）

| | 1 | 2 | 3 | 4 | 5 | |
|---|---|---|---|---|---|---|
| 親切な | 261 (25.9) | 309 (30.7) | 341 (33.9) | 57 (5.7) | 39 (3.9) | 不親切な |
| 頼もしい | 304 (30.2) | 291 (28.9) | 269 (26.7) | 96 (9.5) | 47 (4.7) | 頼りない |
| 優しい | 195 (19.4) | 241 (23.9) | 384 (38.1) | 116 (11.5) | 71 (7.1) | 厳しい |
| 陽気な | 131 (13.0) | 197 (19.6) | 519 (51.5) | 116 (11.5) | 44 (4.4) | 陰気な |
| 親しみやすい | 122 (12.1) | 139 (13.8) | 352 (35.0) | 231 (22.9) | 163 (16.2) | 親しみにくい |

## 表3-10　C.A.P. の認知等と警察に対するイメージの関係

（上段：人数，下段カッコ内：%）

| | | 警察に対するイメージ | | | χ²値 | Cramer のV |
|---|---|---|---|---|---|---|
| | | 良い | 普通 | 悪い | | |
| 活動を知っている（認知） | はい（n=243） | 82 (33.7) | 105 (43.2) | 56 (23.0) | 4.64 | .07 |
| | 調整済み残差 | 2.1 | −0.9 | −1.1 | | |
| | いいえ（n=764） | 204 (26.7) | 356 (46.6) | 204 (26.7) | | |
| | 調整済み残差 | −2.1 | 0.9 | 0.1 | | |
| 興味がある（興味） | はい（n=201） | 96 (47.8) | 69 (34.3) | 36 (17.9) | *** 46.42 | .22 |
| | 調整済み残差 | 6.8 | −3.6 | −2.9 | | |
| | いいえ（n=806） | 190 (23.6) | 392 (48.6) | 224 (27.8) | | |
| | 調整済み残差 | −6.8 | 3.6 | 2.9 | | |
| 活動をしたことがある（経験） | はい（n=48） | 24 (50.0) | 13 (27.1) | 11 (22.9) | ** 12.29 | .11 |
| | 調整済み残差 | 3.4 | −2.7 | −0.5 | | |
| | いいえ（n=959） | 262 (27.3) | 448 (46.7) | 249 (26.0) | | |
| | 調整済み残差 | −3.4 | 2.7 | 0.5 | | |
| 活動をやってみたいと思ったことがある（意欲） | はい（n=133） | 61 (45.9) | 50 (37.6) | 22 (16.5) | *** 23.81 | .15 |
| | 調整済み残差 | 4.8 | −2.0 | −2.6 | | |
| | いいえ（n=574） | 225 (25.7) | 411 (47.0) | 238 (27.2) | | |
| | 調整済み残差 | −4.8 | 2.0 | 2.6 | | |

** p<.01，*** p<.001，自由度はいずれも2

ジがよいのではないかと思われる。

　また，選択肢1・2を合わせて肯定的回答，3を中間的回答，4・5を合わせ
て否定的回答とすると，「親切な〜不親切な」(56.6%)，「頼もしい〜頼りない」
(59.1%) に関して6割近くの生徒が肯定的回答であった。「陽気な〜陰気な」(51.5
%) では，約5割が中間的回答であった。「優しい〜厳しい」(43.3%) では肯定
的回答が約4割，「親しみやすい〜親しみにくい」(39.1%) では否定的回答が約
4割で比較的多かった。警察と日常的に活動に取り組む地域の高校生であって
も，「親しみやすい」という印象は弱いようである。聞き取り調査から，警察
と一緒に活動することで，警察のイメージが肯定的なものになっていること，
また，高校生の防犯意識・安全意識の高まりにつながっていることが示された。
それを定量的分析から検証することにする。警察に対するイメージに関して，
5項目の合計が5〜10点をイメージが「良い」群，11〜15点を「普通」群，16
〜25点を「悪い」群として，警察に対するイメージと規範意識がどのような
関係にあるのかを確認する。

　その結果と警察に対するイメージとの関係を確認したところ，興味，経験，
意欲で有意であった。C.A.P.に興味がある，活動経験がある，活動意欲がある，
これらの生徒は警察に対して「良い」イメージであることが示された。このこ
とから，活動経験をはじめ，C.A.P.に親和的な生徒ほど，警察イメージが肯定
的であると推察される。


**⑤ 因子分析等の結果・考察**

**1) 自己認識とC.A.P.に関する意識・実態との関係**

　自己認識に関する24項目を用いて探索的因子分析（最尤法・プロマックス回
転）を実施した結果，固有値1以上の因子が4つ認められた。固有値の推移は，
第I因子から順に11.802，1.916，1.235，1.079であり，固有値の減衰状況と因
子のスクリープロットの形状及び因子解釈可能性から総合的に検討し，4因子
を抽出することが適当であると判断した。

　第I因子は，因子負荷量の高い項目が「(6) 進んで人の役に立つことをする

## 表3-11　自己認識に関する因子分析

| | 第Ⅰ因子 | 第Ⅱ因子 | 第Ⅲ因子 | 第Ⅳ因子 | 共通性 | 平均値 | （標準偏差） |
|---|---|---|---|---|---|---|---|
| **第Ⅰ因子「貢献感」**（α = .919） | | | | | | | |
| （6）進んで人の役に立つことをすることができている | .86 | .04 | −.13 | −.01 | .59 | 3.30 | (0.91) |
| （3）人のためになることを積極的にすることができている | .86 | −.12 | −.09 | .11 | .64 | 3.39 | (0.92) |
| （16）困っている人に対して積極的に手助けすることができている | .80 | −.07 | .07 | .00 | .63 | 3.57 | (0.94) |
| （20）他人のためでも自ら進んで力を尽くすことができている | .78 | .10 | .09 | −.10 | .66 | 3.40 | (0.96) |
| （12）周囲の人々のために自主的に行動することができている | .69 | −.03 | −.08 | .29 | .69 | 3.31 | (0.95) |
| （18）誰に対しても思いやりをもって接することができている | .52 | .03 | .40 | −.13 | .59 | 3.66 | (0.99) |
| （17）自分が集団や社会のメンバーであるという自覚がある | .49 | .08 | .24 | .02 | .58 | 3.59 | (0.95) |
| **第Ⅱ因子「自己受容」**（α = .881） | | | | | | | |
| （10）欠点も含めて自分のことが好きだ | −.07 | .89 | −.17 | .12 | .61 | 2.93 | (1.11) |
| （19）自分自身に納得している | .05 | .86 | −.02 | −.10 | .62 | 3.06 | (1.03) |
| （22）自分で自分自身を認めることができている | .04 | .77 | .02 | .00 | .63 | 3.20 | (1.11) |
| （5）今の自分に満足している | −.15 | .73 | .09 | .04 | .52 | 3.10 | (1.13) |
| （7）今の自分を大切にしている | .05 | .55 | .24 | −.02 | .56 | 3.56 | (0.99) |
| （15）自分には何かしら誇れるものがある | .16 | .45 | .02 | .08 | .43 | 3.34 | (1.14) |
| **第Ⅲ因子「信頼感」**（α = .853） | | | | | | | |
| （8）自分が今いるグループや集団の人たちを信頼することができている | −.20 | −.03 | .97 | .03 | .61 | 3.82 | (1.04) |
| （14）頼りにできる人がいる | .03 | −.07 | .66 | .50 | .49 | 4.10 | (1.02) |

| | 第Ⅰ因子 | 第Ⅱ因子 | 第Ⅲ因子 | 第Ⅳ因子 | 共通性 | 平均値 | （標準偏差） |
|---|---|---|---|---|---|---|---|
| （24）周りの人を無闇に疑ったりは決してしない | .24 | .00 | .58 | -.13 | .51 | 3.46 | (1.07) |
| （2）全体的に他人を信じることができている | .01 | .09 | .56 | .05 | .51 | 3.34 | (1.01) |
| （13）自分が今いるグループや集団の一員であることを実感している | .05 | .03 | .51 | .29 | .66 | 3.66 | (1.01) |
| （21）他人は自分をだましたりはしないと感じることができている | .11 | .15 | .46 | -.03 | .46 | 3.16 | (1.09) |
| **第Ⅳ因子「自発的関与」（α = .902）** | | | | | | | |
| （1）積極的に周りの人と関わりをもつことができている | .08 | .02 | -.14 | .85 | .62 | 3.44 | (0.98) |
| （9）自分から進んで人の輪の中に入ることができている | -.09 | .01 | .12 | .84 | .68 | 3.42 | (1.09) |
| （11）自分から進んで人と信頼関係をつくることができている | .10 | .11 | .00 | .71 | .69 | 3.35 | (1.04) |
| （4）今自分がいるグループや集団に自主的に加わっている | .12 | -.10 | .27 | .51 | .58 | 3.57 | (0.87) |
| （23）周囲の人との活動に積極的に参加している | .35 | .05 | .10 | .40 | .66 | 3.35 | (0.99) |
| 因子寄与 | 9.56 | 7.82 | 9.11 | 8.59 | | | |
| 因子間相関　Ⅰ | | .59 | .73 | .72 | | | |
| 　　　　　　Ⅱ | | | .66 | .58 | | | |
| 　　　　　　Ⅲ | | | | .68 | | | |

Kaiser-Meyer-Olkin の測度：.959，Bartlett 検定：p<.001

ことができている」「（3）人のためになることを積極的にすることができている」「（16）困っている人に対して積極的に手助けすることができている」などであることから「貢献感」と命名した。第Ⅱ因子は，因子負荷量の高い項目が「（10）欠点も含めて自分のことが好きだ」「（19）自分自身に納得している」「（22）自分で自分自身を認めることができている」などであることから「自己受容」と命名した。第Ⅲ因子は，因子負荷量の高い項目が「（8）自分が今いるグループや集団の人たちを信頼することができている」「（14）頼りにできる人

### 表3-12　自己認識と C.A.P. に関する意識・実態

（上段：平均値，下段カッコ内：標準偏差）

| | 全体 | C.A.P. 認知 | | | C.A.P. 興味 | | |
|---|---|---|---|---|---|---|---|
| | | はい | いいえ | t 値 | はい | いいえ | t 値 |
| 貢献感 | 24.23 (5.42) | 25.48 (5.40) | 23.83 (5.38) | *** 4.16 | 26.51 (5.91) | 23.66 (5.15) | *** 6.81 |
| 自己受容 | 19.20 (5.04) | 20.14 (5.22) | 18.90 (4.94) | ** 3.27 | 20.59 (5.40) | 18.85 (4.88) | *** 4.17 |
| 信頼感 | 21.54 (4.73) | 22.05 (4.44) | 21.38 (4.81) | * 2.03 | 22.80 (4.99) | 21.22 (4.61) | *** 4.07 |
| 自発的関与 | 17.13 (4.34) | 17.75 (4.36) | 16.93 (4.31) | * 2.57 | 18.49 (4.62) | 16.79 (4.20) | *** 4.76 |

| | C.A.P. 経験 | | | C.A.P. 意欲 | | |
|---|---|---|---|---|---|---|
| | はい | いいえ | t 値 | はい | いいえ | t 値 |
| 貢献感 | 26.51 (5.91) | 23.66 (5.15) | *** 6.81 | 27.45 (5.64) | 23.77 (5.24) | *** 6.69 |
| 自己受容 | 20.59 (5.40) | 18.85 (4.88) | *** 4.17 | 20.93 (5.56) | 18.93 (4.90) | *** 3.93 |
| 信頼感 | 22.80 (4.99) | 21.22 (4.61) | *** 4.07 | 23.07 (5.00) | 21.31 (4.64) | *** 3.82 |
| 自発的関与 | 18.49 (4.62) | 16.79 (4.20) | *** 4.76 | 19.14 (4.46) | 16.82 (4.24) | *** 5.63 |

\* p<.05，\*\* p<.01，\*\*\* p<.001

がいる」「(24) 周りの人を無闇に疑ったりは決してしない」などであることから「信頼感」と命名した。第Ⅳ因子は，因子負荷量の高い項目が「(1) 積極的に周りの人と関わりをもつことができている」「(9) 自分から進んで人の輪の中に入ることができている」「(11) 自分から進んで人と信頼関係をつくることができている」などであることから「自発的関与」と命名した。なお，Cronbachの α 係数を用いて各下位尺度の内的整合性を検討したところ，「貢献感」.919，「自己受容」.881，「信頼感」.853，「自発的関与」.902で，因子構造の明確さと信頼性の高さが十分に確認された。

　C.A.P.認知，C.A.P.興味，C.A.P.経験，C.A.P.意欲の回答によって自己認識に差異があるのか，t検定を用いて平均値差を検定した。その結果，4因子すべてで有意差が認められ，「はい」と回答した生徒の方が，「貢献感」「自己受

容」「信頼感」「自発的関与」が高いことが明らかになった。実際にC.A.P.の経験がなくとも，C.A.P.に対して肯定的態度であり，志向性を持つことが有用であると推察される。

### 2) 規範意識と警察に対するイメージとの関係

　規範意識に関する29項目を用いて，探索的因子分析（最尤法・プロマックス回転）を実施した。その結果，固有値1以上の因子が4つ認められた。固有値の推移は，第I因子から順に，11.818，1.781，1.197，1.031であり，固有値の減衰状況と因子のスクリープロットの形状から3因子構造とも考えられた。そこで，再度因子数を変えながら分析を行い，結果を比較検討した。因子解釈可能性を加味して総合的に検討し，最終的に3因子を抽出することが適当であると判断した。さらに，いずれの因子にも高い負荷量（.40以下）をもたない10項目を削除し，改めて3因子を指定した因子分析を実施した。

　第I因子は，因子負荷量の高い項目が「(24) 買う気がないのに，本屋で立ち読みをすること」「(11) 自転車に乗りながら，あるいは歩きながら携帯電話をかけること」「(27) 授業中に，授業と関係のないことを友達としゃべること」などであることから，「生活節度」と命名した。第II因子は，「(5) 路上にかんだガムを捨てること」「(4) 散歩をさせている犬のフンを始末しないこと」「(1) 空き缶をポイ捨てすること」などから構成されていることから，「公衆道徳」と命名した。第III因子は，「(29) 図書館で声の大きさを気にしないでしゃべること」「(28) 授業や講演会が始まっていても，音を立てて入ってくること」「(21) 病院，映画館，レストランなどで大きな声をだしたり笑ったりすること」などの因子負荷量が高いことから，「騒音礼儀」と命名した。因子間相関は.56～.63で，いずれの因子間にも正の相関があった。Cronbachのα係数を用いて各下位尺度の内的整合性を検討したところ，「生活節度」.837，「公衆道徳」.846，「騒音礼儀」.858で，因子構造の明確さと信頼性の高さが十分に確認された。

　3因子について，警察イメージと性別，警察イメージと学年を2要因とする分散分析を行った。その結果，警察イメージと性別では，3因子すべてで警察

## 表3-13 規範意識に関する因子分析

| | 第Ⅰ因子 | 第Ⅱ因子 | 第Ⅲ因子 | 共通性 | 平均値 | （標準偏差） |
|---|---|---|---|---|---|---|
| **第Ⅰ因子「生活節度」（α = .837）** | | | | | | |
| （24）買う気がないのに，本屋で立ち読みをすること | .73 | −.12 | .03 | .47 | 3.20 | （1.20） |
| （11）自転車に乗りながら，あるいは歩きながら携帯電話をかけること | .66 | .13 | −.05 | .50 | 3.57 | （1.12） |
| （27）授業中に，授業と関係のないことを友達としゃべること | .59 | −.20 | .36 | .57 | 3.55 | （1.11） |
| （17）火事や交通事故の現場を見に行くこと | .56 | .03 | .05 | .38 | 3.48 | （1.14） |
| （25）友達に「お金を貸して」と頼むこと | .52 | −.02 | .10 | .33 | 3.59 | （1.18） |
| （6）駅や学校付近で，指定された区域以外に自転車等を置くこと | .50 | .33 | −.05 | .49 | 3.81 | （1.04） |
| （14）夜，無灯火のままで自転車にのること | .40 | .24 | .06 | .38 | 3.96 | （1.06） |
| **第Ⅱ因子「公衆道徳」（α = .846）** | | | | | | |
| （5）路上にかんだガムを捨てること | −.04 | .72 | .05 | .53 | 4.54 | （0.79） |
| （4）散歩させている犬のフンを始末しないこと | −.05 | .70 | −.01 | .44 | 4.48 | （0.81） |
| （1）空き缶をポイ捨てすること | .22 | .61 | −.04 | .54 | 4.28 | （0.89） |
| （10）電車やバスに乗るために，並んで待っている人たちの横から割り込もうとすること | −.27 | .58 | .38 | .50 | 4.69 | （0.69） |
| （3）公衆トイレに落書きをすること | .25 | .52 | −.05 | .44 | 4.35 | （0.95） |
| （15）コンビニの前にたむろして，話をしていること | −.17 | .51 | .35 | .45 | 4.62 | （0.72） |
| （2）ごみを分別せずに捨てること | .34 | .50 | −.10 | .47 | 3.92 | （0.99） |
| **第Ⅲ因子「騒音礼儀」（α = .858）** | | | | | | |
| （29）図書館で声の大きさを気にしないでしゃべること | .07 | .06 | .72 | .64 | 4.33 | （0.91） |
| （28）授業や講演会が始まっていても，音を立てて入ってくること | .32 | −.10 | .63 | .65 | 4.03 | （1.02） |
| （21）病院，映画館，レストランなどで大きな声をだしたり笑ったりすること | .00 | .19 | .57 | .49 | 4.40 | （0.88） |
| （26）授業や講演会などで，携帯電話のスイッチを切らなかったり，マナーモードにしないこと | .35 | −.01 | .50 | .57 | 4.08 | （1.03） |
| （22）夜中に，近所へ聞こえるほどの大きな音で音楽を聴くこと | .11 | .23 | .47 | .50 | 4.33 | （0.94） |
| 因子寄与 | 5.90 | 5.64 | 5.63 | | | |
| 因子間相関　Ⅰ | | .56 | .63 | | | |
| 　　　　　　Ⅱ | | | .59 | | | |

Kaiser-Meyer-Olkin の測度：.944，Bartlett 検定：p<.001

イメージによる主効果と性別による主効果が有意であった。警察イメージと学年では，3因子すべての警察イメージの主効果が有意であり，「公衆道徳」で学年の主効果が有意であった。

　主効果が認められた因子について，警察イメージと学年はTukey法による多重比較（自由度はいずれも (5，1001)），性別は t 検定を行った。その結果，警察イメージでは，3因子とも「良い」「普通」「悪い」の順で得点が高かった。性別では，「生活節度」と「公衆道徳」で女子の得点が高かった。学年では，「公衆道徳」で2年生の得点が1年生より高かった。

　これらの結果から，警察に対するイメージが「良い」と規範意識が高いことが明らかになった。聞き取り調査でも示したように，警察と一緒に活動することで，警察に対する理解が深まり，その取組みの意義を自分事として認識できるようになっていることが要因であると思われる。また，非行防止教室のような単発の活動ではなく，C.A.P.のような継続的・日常的な活動にも同様の効果があることが示されたといえる。さらに，すべての生徒を対象に学校と警察が連携して活動に取り組むことは，生徒が警察に対して好意的になるだけではなく，規範意識の醸成にもつながるという知見が得られたことは重要である。

　また，高校生が警察に対して抱く肯定的イメージと規範意識の高さの関係を

### 表3-14　警察イメージと性別を2要因とする分散分析

（上段：平均値，下段カッコ内：標準偏差）

| | 警察イメージ：良い | | 警察イメージ：普通 | | 警察イメージ：悪い | | F 値 | | |
| --- | --- | --- | --- | --- | --- | --- | --- | --- | --- |
| | | | | | | | 主効果 | | 交互作用 |
| | 男子 (n=181) | 女子 (n=105) | 男子 (n=240) | 女子 (n=221) | 男子 (n=148) | 女子 (n=112) | 警察イメージ | 性別 | |
| 生活節度 | 26.91 (5.72) | 27.50 (5.19) | 24.36 (5.32) | 25.45 (5.07) | 22.87 (5.63) | 24.46 (5.61) | *** 29.17 | ** 9.23 | 0.57 |
| 公衆道徳 | 31.96 (3.55) | 32.33 (3.70) | 30.19 (4.53) | 31.33 (3.78) | 29.14 (4.99) | 30.79 (3.75) | *** 19.02 | *** 15.09 | 1.63 |
| 騒音礼儀 | 22.32 (3.40) | 22.24 (3.40) | 20.63 (3.92) | 21.45 (3.37) | 19.86 (4.16) | 20.65 (4.20) | *** 19.60 | * 4.27 | 1.39 |

＊ p<.05，＊＊ p<.01，＊＊＊ p<.001　自由度はいずれも (8,998)

## 表3-15 警察イメージと学年を2要因とする分散分析

（上段：平均値，下段カッコ内：標準偏差）

| | 警察イメージ：良い | | | 警察イメージ：普通 | | | 警察イメージ：悪い | | | F 値 | | |
| | | | | | | | | | | 主効果 | | 交互作用 |
| | 1年生 (n=92) | 2年生 (n=104) | 3年生 (n=90) | 1年生 (n=167) | 2年生 (n=134) | 3年生 (n=160) | 1年生 (n=87) | 2年生 (n=104) | 3年生 (n=69) | 警察イメージ | 学年 | |
|---|---|---|---|---|---|---|---|---|---|---|---|---|
| 生活節度 | 27.42 (5.71) | 27.35 (5.52) | 26.57 (5.36) | 24.74 (5.27) | 24.72 (5.03) | 25.16 (5.35) | 24.31 (5.66) | 22.97 (5.50) | 23.49 (5.90) | 29.56*** | 0.73 | 1.03 |
| 公衆道徳 | 32.47 (3.26) | 31.75 (4.31) | 32.12 (2.99) | 31.14 (3.85) | 30.10 (4.69) | 30.86 (4.14) | 30.47 (4.05) | 29.34 (4.97) | 29.84 (4.50) | 20.38*** | 4.48* | 0.12 |
| 騒音礼儀 | 22.23 (3.44) | 22.05 (3.93) | 22.63 (2.61) | 21.03 (3.67) | 20.72 (3.72) | 21.26 (3.69) | 20.69 (4.04) | 19.76 (4.25) | 20.26 (4.26) | 21.31*** | 1.99 | 0.39 |

\* p<.05，\*\*\* p<.001　自由度はいずれも（8,998）

## 表3-16 規範意識比較

（上段：平均値，下段カッコ内：標準偏差）

| | 全体 (n=1007) | 警察に対するイメージ | | | F 値 | 多重比較 |
| | | 良い (n=286) | 普通 (n=461) | 悪い (n=260) | | |
|---|---|---|---|---|---|---|
| 生活節度 | 25.18 (5.59) | 27.13 (5.53) | 24.88 (5.22) | 23.56 (5.67) | 30.69*** | 良い＞普通＞悪い |
| 公衆道徳 | 30.90 (4.23) | 32.10 (3.60) | 30.74 (4.22) | 29.85 (4.56) | 20.58*** | 良い＞普通＞悪い |
| 騒音礼儀 | 21.17 (3.82) | 22.29 (3.40) | 21.02 (3.69) | 20.20 (4.19) | 21.80*** | 良い＞普通＞悪い |

| | 性別 | | t 値 | 学年 | | | F 値 | 多重比較 |
| | 男子 (n=569) | 女子 (n=438) | | 1年生 (n=346) | 2年生 (n=342) | 3年生 (n=319) | | |
|---|---|---|---|---|---|---|---|---|
| 生活節度 | 24.79 (5.74) | 25.69 (5.34) | 2.57* | 25.35 (5.62) | 24.99 (5.58) | 25.20 (5.57) | 0.36 | ― |
| 公衆道徳 | 30.48 (4.50) | 31.44 (3.79) | 3.58*** | 31.33 (3.82) | 30.37 (4.75) | 30.99 (4.01) | 4.57* | 1年生＞2年生 |
| 騒音礼儀 | 20.97 (3.95) | 21.44 (3.64) | 1.94 | 21.26 (3.75) | 20.83 (4.04) | 21.43 (3.65) | 2.19 | ― |

\* p<.05，\*\*\* p<.001

考察する上で，教員の存在が看過できない。C.A.P.では，C.A.P.担当の教員と警察職員がそうした信頼関係を構築しているからこそ，生徒の活動もより効果的に展開されているものと考えられ，学校と警察の連携を円滑かつ効果的・日

常的にするためには，キーパーソンとなる教員が果たす役割が大きいと思われる。

◆ 第3節
## 小括

### 1. 高校生の参画の促進

　C.A.P.の活動が，警察と一緒に学校外で取り組む内容のものが多いため，どうしても警察主導になってしまう部分がある。その一方で，高校生自身にC.A.P.の経験の蓄積があるからこそ，高校生にできること，高校生としてやってみたいことなども見えてきている側面もある。高校生だけの意見交換の場が必要であるという認識や活動頻度及び活動人数の増強も希望していることはその一端である。そうした高校生の意向を反映した独自の活動を，高校生が主体となって展開できるようになれば，自ずと活性化につながるものと思われる。

A-S

　今は結構犯罪に関することが多くて，どうしても高校生が意見を出してっていう場があまりなくて，地域の方と一緒に活動をさせていただくことはあるんですけど，そういうところも大体は題を出してて，それについて話し合ったりなんで，もう少しC.A.P.に参加している高校生だけを集めて，会話をする場をつくったほうが，自分としてはC.A.P.内の意識，意欲向上にもつながるし，より質の高い活動ができるようになるんじゃないかって思います。……C.A.P.の活動が，大体全体で地域とかでやるのが，2カ月に1回なんですけど，その活動をもう少し増やしていただいて，大きなことをやるんじゃなくても，集まって何がしたいかっていうのを話し合うだけでも，すごい団体として変わっていけると，私は思ってて，だから1カ月に1回でもいいので，1回C.A.P.で，高校生だけでも集まって話す機会を設けてほしいと，私は思います。

B-S2

　今までは1年に3，4回とかだったんですけど。<u>もうちょっと増やして，人数も増えたら，もっといい活動ができると思います。</u>


　教員側は，この高校生の主体性の発揮について，肯定的に捉えているように見受けられる。警察関係者も教員同様のスタンスであることがわかる。警察側に高校生の意見を聞こうという構えはあるようで，むしろ高校生からの働きかけを待っているように思われる。高校生と教員の思いに離齬はない状態であるので，高校生の出方次第で，高校生主体の新たなC.A.P.の活動が生まれる可能性があるのではないかと思われる。

A-T

　<u>生徒がなかなか中心ではできないんですね。</u>先ほど言ったように，警察の係の人と学校側の担当の人が一応話し合って，じゃあこんな方向でっていうのがあるんですけど，<u>本来は生徒の中から，以前は生徒同士で話し合いをさせて，例えば3年間やった3年生あたりが，じゃあこんな活動もしたらええと思うよっていうC.A.P.，こんなことしたらええと思うよっていう意見が出たらいいんですけど，やりよっても出ないんですよね，実は。</u>毎年やりよっても。それでもうこれはしょうがないけん，学校と警察主体でこういうことやろう言うて決めていった経緯があるので，<u>本来はそういう感性を磨くいうか，3年間C.A.P.が活動をして，やっぱりこうやった方がええよねとか，こんなんもした方が面白いんじゃないのっていうことを出てくるのが本来の姿だとは思うんですよ。</u>ボランティアで地域のことを地域で守りましょうっていうことになってくると，自分たちで見よって。<u>その辺で子どもたちの中から意見が出てこない部分があるんで，なかなかその辺が課題だと思うんですね。</u>やらされている，じゃあビラ配ってねって，配ってみると結構受け取ってくれたり，ありがとう言うてくれるといいんですけど，じゃあ次，これやってみるということができない。

C-T

　どこまでこの生徒を，自分の学校の生徒を表に出したらええかっていうのが，ちょっと僕らも正直分からないんです。だから，いうたら，防犯協会が中心になって，こういうこともするから，協力をお願いしますったら，「はいはい」言って行くし，それに彼らが行くってスタンス。それでいいのか，もっと積極的に，全面的にこのC.A.P.というのが主体になって動くんかいうことか。明らかに主体が警察だと私らは認識しているので，やっぱり要請に対して活動するっていうところまでしかないんですよね。


P-4

　学校側から提案してもらいたいと。こちらからの一方通行じゃなくて，学校からもこんなんしたいんだけどっていうふうな投げ掛けというか活動提案というのもしてもらいたいっていうのはありますね。


P-3

　例えば高校生ならではの，万引防止，高校生がお年寄りに特殊詐欺の被害防止，啓発活動なんかもそうなんですけど。高校生の目線で訴えれるっていうのがええんかなと思うんで。万引とかはなんかで形にできたらいいかなと思いますけどもね。


　また，学校内で活動に対する機運を高めることも重要な視点である。**表3-1**で確認したように，5校ともホームルーム活動をはじめ，学校教育全体を通してボランティア活動に取り組む環境がある。そこでの学びを社会に還元する具体的な実践の場としてC.A.P.を位置づけることができれば，それまでC.A.P.の経験がなかった生徒の発想やアイデアを引き出し，新たなC.A.P.の活動が可能になるのではないかと考えられる。C.A.P.意欲のある生徒が1割以上存在することを勘案すると実現は難しくはないだろう。

## 2. 活動に対する温度差の超克

　西条市の成り立ちやC.A.P.の拡大の経緯にも関係するものと思われるが，活動に関して地域による温度差があることがうかがえる<sup>13)</sup>。地域の独自性を活かした活動が展開されることは相乗効果が期待されるが，現状認識されている温度差をそのままにしておくことは問題があるのではないかと考えられる。

P-3

　もともとの活動自体がこっちのほうがあんまり低調だったっていうのはあるんですよ。……もともとあっちが活発の作業やったけん，防犯の意識みたいなのはあっちが高いんかもしれへんですね。……昔っからそりゃ，あっちがされよるけん，そういった面であっちのほうがより浸透しとるっていう点はあるかもしれないですけどね。

P-2

　やっぱ西条とこっちの西条西の温度差はあるよなっていうのは常々思っています。……こちらは先だけあって，熱心，活動も熱心なんですけれども，西条の方がどっちかというと活動はちょっと少なめかなっていうのは…。

　具体的なものとして，非行防止対策協議会の事例を挙げることができる。既存の活動にC.A.P.の活動を組み込むことで，高校生自身のコミュニケーション能力の向上を図るなど，高校生の成長の一助となっている。こうした活動経験の有無は，C.A.P.に対する捉え方はもちろん，その後の地域社会への関わり方にも影響を与えるのではないかと思われる。

P-1

　もともと，非行防止協議会はもともとの成り立ちは，万引とか，いわゆる初発型非行を防止しましょうっていう立ち上げで県下にあるんですけれども。基本は小売店さんとかで少年とかの非行をやめるようにっていうことで各地区に

設置されてるが，お店はお忙しいですし，参加率も悪いですし，ボランティア
の方とか教育関係の方もいらっしゃるんですけども，ちょっと今一歩，話し合
いをしても万引をどうしましょうという話し合いも毎年同じ内容になりがち。
C.A.P.は関係ないんですけども，ここにC.A.P.を呼んで，来てもらって，参
加してもらって，同じ会議じゃ高校生もあまり発言ができないので，グループ
ワークを組んで，同じ大人と子どものグループにしてその中でグループで話し
合いをしてもらうっていうのを私が来たときから実施したら，それが好評で，
皆さんが喜んでいただいて，高校生にとっては大人がそういうボランティアを
しているっていうのは初めて聞いたりとか，いろんな大人がいるんだなってい
う知見にもなると思います（後略）。

　独自性を意識して特別なことをする必要はない，また，横並びで同じ活動に
取り組む必要もないが，支援している側が感じている温度差は，高校生にも伝
わるはずである。高校生が参画意識が醸成されたときに，それに応えることが
できるようにするためにも，意識レベルでの温度差は解消されることが望まれ
るように思われる。

## 3. 活動の拡大への途

　今後のC.A.P.の活動に関して，拡大の可能性があるのではないかと考えられ
る。平成29年度第2回生徒指導主事連絡協議会及び中高生徒指導主事連絡協議
会（2017年9月8日）への参観から得られた知見から考察したい。
　西条祭・地方祭といった秋祭りにおける対応をテーマに，小学校・中学校・
高等学校の生徒指導主事の連絡協議会が開催された。
　西条市におけるお祭りは小学生・中学生・高校生・保護者・市民など，すべ
ての人々にとっての一大イベントであり，幼少児から大人までの共通体験とな
っており，お祭りの担い手を育てるという後継者育成の視点も含まれている。
西条市全体として，お祭りという同一行事に取り組む土壌・基盤が出来上がっ
ている。C.A.P.の活動状況を加味すると，これは西条市でC.A.P.が成立する要

素として重要であり，その土台となっているものと思われる。連絡協議会には警察職員も同席しており，学校と警察の連携を考える際のポイントにもなり得る。

連絡協議会の場において，たとえハレの日であっても，飲酒・喫煙をはじめ，日頃の生徒指導同様，ダメなものはダメであるという共通理解を図ることができている。また，小学生の時から継続して，また，一貫してそうした指導を受けていることは，飲酒・喫煙防止のポスターの作成や配布などを契機として，C.A.P.を高校生だけの活動ではなく，中学生や小学生の活動として拡大できる可能性があるのではないかと考えられる。

## 4. 今後の課題

C.A.P.について，発足の経緯から今日に至るまでの動向を概観するとともに，高校生や教員，警察関係者への調査からその意義や効果について確認することができた。しかしそれは，調査時点での状況を捉えたに過ぎない。特に効果については，追跡調査や経年比較，あるいは本研究では扱うことができなかった地域住民の見解なども加味しながら，継続的・多面的に検証を進める必要があると考えている。また，C.A.P.の在り方を考えるにあたり，地域性の影響が看過できないことも明らかになってきた。そのため，調査対象等を拡大しながら，研究を継続することが残された課題である。

注記
1) 巡静一「青少年」『ボランティア・NPO用語事典』中央法規，2004年，20頁
2) NPO法人えひめチャレンジ支援機構・愛媛県ヤングボランティアセンター「平成25年度高校生ボランティア活動報告書」2014年，1頁
3) 「ヤング3S運動実施要領の制定について」(2011年) では，高校生も対象にしており，3つの活動が示されている。第1はサービス活動 (公園，道路等のごみの回収，道路標識，カーブミラー等交通安全施設の清掃，高齢者福祉施設等への訪問による防犯及び交通安全の呼びかけ等の活動)，第2はスポーツ活動 (誰もが気軽に参加できるスポーツに係る行事を開催するとともに，当該行事の中で適宜講話を行うなど，スポーツを通じて少年に地域社会とのきずなを実感さ

せるために行う活動）、第3はサポート活動（就業体験，創作体験，地域の祭礼行事への参画等地域住民との交流による居場所づくり）である。また，留意事項の中に，「防犯協会，交通安全協会，学校，教育支援センター，公民館，PTA等の関係機関・団体の協力を得るよう努めること。」とされている。

4) 西条市教育委員会ホームページ（2017年5月16日更新）（2021年10月7日閲覧）（http://www.city.saijo.ehime.jp/soshiki/gakkokyoiku/gk0039.html）

5) CAP（キャップ）は，Child Assault Prevention の頭文字をとったもので，子どもを様々な暴力から守るための暴力防止のための予防教育プログラムである。

6) 合併前の旧西条市と東予市では地域性に差異があるようである。現在の西条市は，もともと保守的な地域であるが，東予は特に保守的，旧西条はやや革新的な部分がある（2017年5月2日　西条市ボランティアセンターでの聞き取り）。例えば，小学校の音楽会を2地域で別々に実施しているが，旧西条はダンスなども取り入れてエンタテインメント性のある楽しむ活動になっているが，東予は教科書的でまじめな取組みになっている印象があるとのことであった（2017年5月1日　西条市教育委員会での聞き取り）。その影響か，C.A.P.の活動も，西条署管内の活動はアットホームな雰囲気であるのに対して，西条西署管内の活動は規律正しく整然とした，厳粛な雰囲気での活動であるという印象を受けた。

7) ボランティアフェスティバルに関して，開始場所が中央公民館（東予）であるため，地理的に他の3校に参加協力を依頼することは控えているとのことである（2017年5月2日　西条市ボランティアセンターでの聞き取りより）。

8) 福祉教育推進協力校に関して，西条市内5高校すべてに声がけをしている（予算的にも確保している）が，手を挙げる高校は3校である。市内の小学校・中学校については，西条市教育委員会経由で全学校に案内を配布しているが，高等学校に対しては，県教育委員会に依頼等しているわけではなく，個々に案内している状態である（2017年5月2日　西条市ボランティアセンターでの聞き取り）。

9) 西条祭などの秋祭り前に，未成年者の飲酒・喫煙防止を目的としたポスターを製作し，屋台総代会や酒販店，学校等関係機関に協力を呼び掛ける活動を行っている（西条地区防犯協会・西条警察署・西条西警察署「天狗岳」（地域安全ニュース）2017年11月号参照）。また，例年，愛媛新聞でもその様子が報じられている（2014年9月8日，2015年10月2日，2016年10月5日）。

10) 2017年度西条西地区非行防止対策協議会は，「成人年齢の引き下げと飲酒・喫煙」をテーマに，市民とC.A.P.会員の高校生が一緒にディベート等グループ研修を実施した。

11) 高坂康雅「共同体感覚尺度の作成」『教育心理学研究』59，2011年，88-99頁

12) 三宅元子「中学・高校・大学生の情報倫理意識と道徳的規範意識の関係」『日本教育工学会論文誌』30（1），2006年，51-58頁

13) 前掲（6）

# 第4章
# 熊本県玉名市における
# 「高校生防犯ボランティア組織ボウハンティア」

◆ **第1節**
## 「高校生防犯ボランティア組織ボウハンティア」の概要

### 1.「高校生防犯ボランティア組織ボウハンティア」とは

　「高校生防犯ボランティア組織ボウハンティア」（以下，ボウハンティアと表記する）は，「防犯」と「ボランティア」を合わせた造語である。2005年6月に，玉名地域の6校（熊本県立玉名高等学校，熊本県立玉名工業高等学校，熊本県立北稜高等学校，熊本県立南関高等学校（2017年3月閉校），私立玉名女子高等学校，私立専修大学玉名高等学校）（以下，学校名は順に，玉名高校，玉名工業高校，北稜高校，南関高校，玉名女子高校，専修大学玉名高校と略記する）の生徒によって結成された組織である。生徒が自主的に地域活動に参加し，地域に貢献することを目的としており，様々な交通安全活動や地域安全活動に取り組んでいる。なお，熊本県内初の高校生独自の自主防犯ボランティア組織の結成として注目されている。

### 2. ボウハンティアができるまでの経緯

　住民の高齢化と駅前商店街の空洞化による治安悪化を背景に，それへの対応の一環として，2003年12月20日，JR玉名駅前に，駅前の空き店舗を利用して，地域住民による防犯，交通安全運動の拠点ともいえる民間の「玉名駅前パトロールセンター」が開設された。地区委員・企業・少年補導員等がパトロールを実施しているほか，防犯に関する研修会に出席するなど，他団体との情報

交換を行っている。このパトロール活動に高校生が参加したことがボウハンティア結成の契機となった。


【結成までの流れ】

2003年12月　「玉名駅前パトロールセンター」開設

【スローガン】

 (1) 駅周辺における街頭犯罪防止活動の推進，(2) 少年非行防止活動の推進，

 (3) 暴走族追放活動の推進，(4) その他，防犯意識の啓発運動

2004年8月　玉名駅前パトロールセンター運営協議会設立 (例年7〜8月に玉名
 警察署で実施)

2005年4月　高校生ができる範囲でパトロールセンターの手伝いをするように
 なる。その際，単独よりも組織的に実施した方が効果的であるのではないか
 との声が上がり，組織化に向けて動き始めた。具体的には，各高等学校 (管
 内6高等学校) が駅前で帰宅指導を開始したこと，高校生による駅前の清掃
 活動が始まったことが挙げられる。

2005年5月　高校生による防犯ボランティアの組織づくりが始まる。

2005年6月19日　玉名警察署管内6校の高校生により，高校生の防犯ボランティア組織ボウハンティアが結成される。なお，組織名称のボウハンティアは
 高校生の公募で決定された。ボウハンティアには，警察予算で購入している
 黄緑色のユニフォーム・帽子が貸出しされている。

2006年3月　ボウハンティアのマスコットの入ったシンボル旗が製作され，愛
 称も決定した。玉名地区学警連がボウハンティア会員に対してマスコット及
 びその愛称を募集し，玉名女子高校3年生 (当時) の考案したマスコットが
 採用された。木の葉猿の「見ざる聞かざる言わざる」をモチーフに「よく聞
 こう，よく見よう，よく話そう」というテーマで防犯を呼びかけている。ま
 た，玉名工業高校2年生 (当時) の考案した愛称「たまなッキーズ」も合わ
 せて採用された。

## 3. ボウハンティアの組織

　2006年に高校生防犯ボランティア組織ボウハンティアの会則が制定された。

　会則第2条（組織）において，「ボウハンティアは，玉名警察署管内の高等学校6校の高校生で組織し，玉名地区学校等警察連絡協議会（以下「玉学警連」という）に属し，玉名地区学校等警察連絡協議会会長（以下「玉学警連会長」という）が統括する。」とされている。ボウハンティア会長は玉名地区学警連会長校の生徒の中から選出されている。会長校に事務局を設置し，会長選出校以外から副会長，書記，幹事を選出している。

## 4. ボウハンティアの活動

　活動目的に関して，会則第3条（目的）に，「ボウハンティアは，高校生が自主的に地域活動に参加し，地域に貢献する事を目的とする。」とされている。

　また，第4条（活動）には，以下のように記されている。

「ボウハンティアは，前条の目的を達成するため，次に挙げる事項を主に活動を行う。ただし，活動内容は会員に危険が及ばない範囲の中で，玉学警連会長が承認したものとする。

　(1) 玉学警連の主催する活動に関すること。

　(2) 地域活動における防犯ボランティアに関すること。

　(3) 地域活動におけるボランティアに関すること。

　(4) その他，前条の目的を達成するために必要な活動に関すること。」

【主な活動内容】

① 結成式及びパレードの実施（2005年6月19日）

　玉名駅からジャスコ玉名店までの通称玉名駅通りを，玉名女子高校吹奏楽部90人を先頭に，6校の生徒200人が参加し，地域にアピールした。2006年も実施されたが，2007年以降はボウハンティア音楽祭（後述）へシフト・一本化されていった。

② 鍵かけ推進リーダーの委嘱 (2005年6月19日)

　鍵かけ二重ロックの推進として，各高校の生徒3名 (全18名) を「鍵かけ推進リーダー」に委嘱した。毎年初め，自転車・オートバイ通学生が利用する校内駐輪場の鍵かけ二重ロックの調査を行い，二輪車の鍵かけ二重ロックを推進した。県警の施策で3年間 (2007年度まで) 実施した。

③ JR大野下駅前パトロールセンター発足式参加 (2005年9月27日)

　地元代表として岱明町の玉名工業高校及び専修大学玉名高校の会員が地域安全活動に貢献することを宣言する。なお，パトロールセンターの建物は現在もあるが，機能はしていない。

④ 防犯ステッカーの製作・配布 (2005年12月27日)

　玉名教育事務所長の提案を受け，荒尾・玉名地区の全教職員約1700人の車両内に掲示するステッカー2500枚を製作・配布した (単年度活動)。

⑤ さすまた作製・配布 (2006年2月15日)

　玉名工業高校のボウハンティアが，玉名地区防犯協会連合会から支援を受けて，さすまた25本を製作した。玉名警察署において，小学校10校・中学校2校に贈呈した (単年度活動)。

⑥ 不審者対応防犯DVD製作 (2006年7月)

　不審者が学校へ侵入した場合の避難要領，声かけ事案の対処方法，さすまたの取扱要領等を収録したDVDを製作し，玉名地区の小学校・中学校・高等学校に配布した (単年度活動)。各学校から「わかりやすい」と好評を得たことから，県学警連を通じて県下の小学校・中学校・高等学校等に無料で贈呈された (2006年10月16日　熊本県庁で贈呈式)。また，新聞等で大きく報道され，県外の学校からも問い合わせが相次いだ。

⑦ 地域安全推進大会への参加 (2006年10月18日)

　南関町で行われた地域安全推進大会において，ボウハンティア会長 (南関高校3年生) が地域安全宣言を述べた。その後，ボウハンティア約100人が防犯パレードに参加し，地域住民に防犯を呼び掛けた。さらに，パレード終了後に行われた防犯キャンペーンでは，専修大学玉名高校吹奏楽部によるマーチング

演奏が披露され，華を添えた。このパレードの後継が，今日まで続く「ボウハンティア音楽祭」(2007年～現在に至る) である[1]。

⑧ カレンダー製作・配布 (2006年12月)

玉名地区の学警連，防犯協会，警察の共同で2007年の防犯カレンダーを製作し，関係者に配布した (単年度活動)。

⑨ ボイスボックス (2006年度)

万引き防止や鍵かけ等を呼び掛ける「ボイスボックス」(センサーが人の動きを感知して万引き防止を呼び掛ける装置) を製作し，3機を万引きの多い大型店舗や官公庁などに設置した。玉名工業高校と南関高校が試作品を製作し，学警連等の意見を聴取して改良した (単年度活動)。

⑩ その他学校と警察の連携した取組み

各高等学校での二重ロックの推進として，玉名地区防犯協会連合会より玉名地区の自転車通学生に対し，2010年度より，毎年ワイヤー錠が送られている (玉名警察署で贈呈式)。また，贈呈式後，玉名警察署長と高校生の意見交換が行われている。

そうした活動の中でも，市内5校すべてが集まって開催される「ボウハンティア音楽祭」は特徴的な取組みである。


◆ 第2節
# ボウハンティアの活動による効果

## 1. 高校生・教員を対象とした調査結果からの考察

ボウハンティアについて，高校生・教員はどのような意識・実態であるのか確認する。本研究では，以下の3つの調査を実施した。また，参与観察も行っており，そこから得られた知見も適宜用いる。なお，調査対象5校のボランティアや交通安全教育に関する概略は**表4-1**の通りである。また，玉名市内の高等学校では，二輪車に乗せて指導する交通安全教育が展開されていることを付記しておく[2]。

表4-1　調査対象校のボランティア・交通安全教育

| 学校名 | 教育目標等 | 生徒指導 | | 玉名市内出身者の割合 | 自転車通学者の割合 | 原付通学者の割合 |
| --- | --- | --- | --- | --- | --- | --- |
| | | 目標 | 取組み | | | |
| A | （教育努力目標）基本的生活習慣の確立<br><br>あいさつや、時間厳守、服装その他の規則の遵守により、基本的生活習慣を身につけさせ、奉仕活動などクラス毎に実行して、他人に対する思いやりの心が育つように努力する。<br><br>生活行動全般にわたって生徒の自覚を高め、交通講話、実技指導、単車・自転車点検整備を定期的に実施し、交通事故防止に対する意識の高揚を図り事故の防止に努める。 | （努力目標）交通マナーアップの推進と違反・事故の防止、規範意識の向上と問題行動の未然防止<br><br>（交通指導）正しい交通ルールとマナーの実践を習慣づけることにより、交通に関する意識を高め、交通事故、違反の防止に努める。<br>〈具体策〉一年間を通して実施　原付実技指導、通学別指導、交通委員活動、校外指導、列車指導、免許取得者講習、違反者講習、免許取得確認調査、その他 | 校外指導（青パト）、小さな親切運動（地下道、駅、神社清掃）、駅指導（玉名駅）、交通安全の日（毎月）<br><br>通学別指導（徒歩、自転車、バイク、列車）、列車指導（玉名ー熊本）(4月)、春の全国交通安全運動、交通委員会活動（5月）、免許調査、自動車学校入校説明会、クリーン作戦（6月）<br><br>列車指導（玉名ー熊本）（9月）、秋の全国交通安全運動、交通委員活動、ボランティア音楽祭（10月）、交通講話、クリーン作戦（11月）<br><br>通学別指導（自転車点検（1月）、通学別指導、列車指導（玉名ー荒尾、クリーン作戦（3月） | 29.8% | 35.8% | 6.0% |
| B | （教育方針）安全教育の推進　地域社会から信頼される学校づくり | （目標）自然との触れ合いや奉仕などの体験活動により、心豊かな人間の育成を図る。<br><br>（重点目標）心豊かな人間の育成…奉仕活動への参加、交通道徳の防止、交通安全教育の徹底、交通事故・違反の実践…生命の安全と健康への心がけ<br><br>（方針）交通道徳の高揚を図るために、交通安全指導を積極的に進める。 | 交通安全運動中の自転車・原付の安全点検、登下校時の交通指導、原付免許取得者の指導（講習）、奉仕作業の実施（1学期）<br><br>交通安全運動中の交通安全指導、奉仕作業の実施（2学期）<br><br>交通安全運動中の交通安全指導、交通安全講話（3学期）<br><br>交通巡回指導、交通安全教育の実施（随時） | 45.9% | 37.8% | 7.1% |

| 学校名 | 教育目標等 | 生徒指導 | | 玉名市内出身者の割合 | 自転車通学者の割合 | 原付通学者の割合 |
|---|---|---|---|---|---|---|
| | | 目標 | 取組み | | | |
| C | （重点努力目標）魅力ある学校づくり…魅力ある学校づくりを目指して、特に次のことに留意する。…中分野におけるボランティア活動、中学校や地域との連携を密にするための細やかな日常の活動　　人権・同和教育の推進と楽しい学校環境づくり…校舎内外の環境の整備に加え、日常の清掃活動が勤労体験学習等を通して奉仕の心を養い、清潔で、美しい女子高校らしく、清潔で、美しい学習環境づくりに努める | | 原付通学希望者説明会、広域列車指導、通学路の確認と交通安全指導（4月）、原付実技講習、交通ルールの確認（5月）、美化コンクール（6月・11月）　　通学規定（自転車・バイク・自動車）自転車通学規定、バイク通学規定、禁止事項及び違反者取扱い規定、普通自動車（原動機付自転車）免許取得規定 | 27.2% | 10.6% | 7.6% |
| D | （教育目標）健全な心身の育成…ボランティア活動を通じて、勤労意欲や奉仕の心を育成するとともに、命を大切にし、人権を尊重する心を養う。／教育環境を整備し、生徒の健康・安全教育を徹底する。 | 交通安全…命の尊さと交通ルール、マナーの意識の向上を図る。 | 全職員による登校指導の実施（年6回）、交通講習会、保護者合同会の実施。単車実技講習会、交通講話や通学別集会の実施。 | 59.8% | 28.3% | 5.8% |
| E | （重点目標）安心安全な学校　生徒の夢実現…地域社会の期待に応える学校づくり…地域を活用した教育実践を進める。 | 奉仕の精神…自主的積極的な参加態度と感謝の心の育成を図る。①規範意識・豊かな心の育成②交通安全・交通マナー教育の充実③生徒会活動の充実④服装・頭髪及び女子指導の徹底⑤ハイテク犯罪による被害防止教育の推進⑥環境に優しい学校づくり⑦「いじめ根絶運動」と人権教育の推進 | ボランティア活動等の企画実施①地域に信頼される生徒の育成、盗難・窃盗の防止②交通事故の防止③生徒の自主の育成④防犯意識の啓発⑤携帯電話・インターネットに関する被害防止⑥節電・ゴミ削減の取組み⑦思いやりのある心の育成 | 42.8% | 78.2% | 17.6% |

（2018年度学校要覧等の記述より整理）

**調査A：高校生対象質問紙調査**

2018年10月から11月に，高校生対象に質問紙調査を実施した。951名から回答を得て，すべての質問項目に漏れなく回答している879名分の回答を分析対象とした。回答者の内訳は，**表4-2**の通りである。

主な質問内容は，自己認識に関する内容24項目[3]，規範意識に関する内容29項目[4]，これまでに取り組んだことがある活動，警察に対するイメージ，ボウハンティアの認知度・活動状況などである。

**表4-2　回答者の内訳**

（上段：人数，下段カッコ内：％）

| 性別 | | 学年 | | | 原付バイク | | | 所属部活動 | | | 合計 |
|---|---|---|---|---|---|---|---|---|---|---|---|
| 男子 | 女子 | 1年生 | 2年生 | 3年生 | 通学に使っている | 免許はあるが乗っていない | 免許を持っていない | 運動部 | 文化部 | 所属していない | |
| 404 | 475 | 233 | 405 | 241 | 109 | 126 | 644 | 468 | 276 | 135 | 879 |
| (46.0) | (54.0) | (26.5) | (46.1) | (27.4) | (12.4) | (14.3) | (73.3) | (53.2) | (31.4) | (15.4) | (100.0) |

**調査B：高校生対象聞き取り調査**

2018年7月23日にA高校で3年生女子2名（以下，A-S1，A-S2：2名とも吹奏楽部所属），同日にB高校で3年生男子2名（以下，B-S1，B-S2：2名とも生徒会役員経験者）・3年生女子1名（以下，B-S3：太鼓部所属），8月29日にC高校で3年生女子4名（以下，C-S1，C-S2，C-S3，C-S4：4名とも生徒会役員）・2年生女子2名（以下，C-S5，C-S6：2名とも生徒会役員），8月31日にD高校で3年生男子1名（以下，D-S1：生徒会役員経験者）・3年生女子2名（以下，D-S2：書道部所属，D-S3：音楽部所属）に対して，約30分間の半構造化インタビューを実施した。主な聞き取り内容は，「ボウハンティア」の活動を通して得た気づき・学び，活動を活性化させるために必要だと思うこと，交通安全（バイク通学）に関すること，警察関係者等と一緒に活動することについてなどである。なお，以下，本文中の口述記録の下線は筆者が付記したものである。調査Cについても同様である。

136

**調査C：教員対象聞き取り調査**

　2018年7月23日にA高校で生徒指導担当教諭1名（以下，A-T），同日にB高校で生徒指導担当教諭1名（以下，B-T），8月29日にC高校で生徒指導担当教諭1名（以下，C-T），8月31日にD高校で生徒指導担当教諭2名（以下，D-T1，D-T2）に対して，約30〜60分間の半構造化インタビューを実施した。主な聞き取り内容は，高校生がボウハンティアで活動する意義，先生から見た高校生のボウハンティアの認識，ボウハンティアの教育課程上の位置づけ，警察との円滑な連携のために求められること，ボウハンティアの課題と今後の展望，交通安全教育（バイク通学指導）などである。

## （1）学校におけるボウハンティアの位置づけ

　学校におけるボウハンティアの位置づけに関しては，質問紙調査では確認していないため，聞き取り調査の結果から確認する。なお，ここではボウハンティアの代表的な活動であるボウハンティア音楽祭の位置づけについて回答を求めている。

　総合的な学習の時間や特別活動（ホームルーム活動や学校行事）など，学校によって位置づけ方は異なるが，教科外活動として捉えていることは共通している。また，位置づけに関して，明言している教員がいる一方で，推測にとどまっている教員もいた。校務分掌による認識の違いにはあるにせよ，ボウハンティアの位置づけが明確に周知されている状況にあるとは言い難いのではないかと推察される。

**A-T**

　<u>総合学習の一環</u>として，このクラスとこのクラスで参加をしようかっていうふうに決めさせていただいてですね。それから，以前は部活動単位で参加をしたこともあったんですけれども，今はクラス単位で，こちらから選抜したクラスっていうかですね，そちらの方で。……<u>位置づけは総合的な学習の時間の一環で行かせてます。</u>……ただ吹奏楽部の子たちが午前中からリハーサルに出た

りとかするので，その辺りでは午前中もう全てのクラスが授業があって，午後
からはそのまま授業が続くクラスと，総合的な学習の時間として参加するクラ
スがあるんですけど。午前中からリハーサルに出るんでそのときにはその授業
受けれないので，公欠っていう形で。平日にいろんな部活動で大会があったり
すると，そのときには公欠となりますよね。それと同じような扱いになります。


B-T

　おそらく，学校行事，学年行事に入ってると思います。……放課後の時間を
使って行うということになると思うので，教育課程には関係してこないかなと
は思うんですけど，今年は。


C-T

　多分，午後からは例えばロングホームルーム扱いとか，そういう感じで出し
てるんじゃないかなと思います。授業ではないからですね。うちは吹奏楽部の
子たちは公欠課，朝からリハーサルで行くので，朝からそっちの方で練習して
リハーサルして午後からそれに出るっていう形になるので，吹奏楽部の連中は
多分公欠課扱いで出してると思います。それ以外の出る生徒については，お昼
からはロングホームルーム扱いになるんじゃないかなというふうに……。


## (2) ボウハンティアの開始から今日まで

　ボウハンティアの具体的な活動内容を概観するとわかるが，主な活動は
2005〜2006年度に集中しており，今日まで継続している取組みはボウハン
ティア音楽祭だけのように見受けられる。実際，ボウハンティアは現在どのよう
な状況にあるのか，聞き取り調査の口述から確認する。特に，開始当初からの
動向については，当初からボウハンティアの活動に携わってきたC-T氏の回答
を中心に扱う。

　そもそものスタートは，学校と警察の双方に活動に対して熱心な人物が存在
したことに拠る。それが，異動などにより人が入れ替わることで，当初の熱意

とともに活動の必要性に関する認識も希薄化していったことがわかる。

C-T

　玉名地区の高校が，そんな荒れてたわけじゃないんですけれども，しっかり
と生徒たちを落ち着くように，落ち着きを持って行動できるようにっていう意
味も，いろいろな意味も込めて，様々な活動をやってたかなって，当時はです
ね，思います。……当時の警察署の生安課の方々もかなり，いわゆるイベント，
広報活動，こういったものにかなり力を入れられてたっていうか熱心にされて
た部分と，高等学校のそういう意識の部分がちょうどかみ合ってた感じがあっ
て，それでだいぶ盛り上がってたかなと思います。……今はその当時に比べ
ると，そういう盛り上がりは，お互いそこまではないのかなというのが正直な
ところかなと思います。……やはりだんだん，玉名警察署の，当時の生安課の
方もどんどんメンバーは入れ替わっていきますし，学校の方も，とりわけ公立
学校に関しては転勤等々で先生方が変わられたことで，伝聞はできるかもしれ
ないんですが，だんだん薄くはなってきてるかなっては思います。……だんだ
んそういった熱心な先生がいらっしゃらなくなったとか，人の入れ替わりとか
そういったもので随分いろいろ変わってくる部分っていうのがあるのかなとい
うふうに思います。

　そのため，活動が形骸化し，独自性が喪失していったことがうかがえる。

C-T

　今は各学校のボウハンティアの人たちで集まって，一斉に集まって一斉に何
かをするっていうよりも，……駅前でワイヤー錠配ったりちらし配ったり，そ
ういったことは時にありますけれども，それは子どもたちがボウハンティアの
活動の一つとしてやってる自覚はあまりないと思いますし，どっちかっていう
と警察の方から，こういうふうにワイヤー錠の配布をしたいと思うので，ぜひ
生徒たちを募ってもらえませんかっていうことで，学警連の事務局ということ

で依頼はありますけども，それ以外で，ボウハンティアだからこれをやってる っていうことは現時点ではあまり，特段はないと思います。

　そうした経緯の中でも残った活動が，ボウハンティア音楽祭である。しかし， 見方を変えれば，それ以外の活動はないといっても過言ではない状況である。

C-S1
　ここ数年はボウハンティアとしての目立った活動は，毎年行われるボウハン ティア音楽祭が一番大きいものですが，それ以外ではここ数年，玉名市の高校 生が共同で行うボウハンティアとしては，目立った活動はあんまり行われてお りません。

C-T
　現状で言うならば，ボウハンティアっていうものを冠にして何かしら特別な 活動をしているかってなったらば，恐らく現在はあまりしてないと思います。 行われてないって言ってもいいのかな。今は，後からの話にも多分つながって くるとは思うんですが，ボウハンティアで何々とか，玉名地区高校生の防犯ボ ランティア，ボウハンティアが何かを一緒にやってますっていうことは，音楽 祭以外は今のところは特段目立ってはないのかなというふうに思っております。

　そのため，高校生のボウハンティアに関する認識が希薄になっていることに つながっているものと推察される。

C-T
　特段，学校の考え方とか捉え方とか，このボウハンティアっていうものの認 知度とか，現在の認知度って考えたときには，以前に比べると随分薄くなって きたのかなっていうところはありますし，……あまり認識ないかなっていうよ うな感じだと思いますが，これが現状なのかなというふうに思っております。

140

なので，特別今ボウハンティアっていうものを銘打って何かしら活動をしなきゃいけないとか，やっていこうっていうような風潮は，以前に比べるとないかなというふうに現在は思っております。

B-T

　高校生は，警察の方と連携をしてるんだという意識は，おそらくそんな強くないと思いますよ。ボウハンティアとかも特にそうなんですけれども，警察の方と連携して，これは主となるところが警察なんだというようなところでやってるわけでは，特にないんですよね。ですので，高校生の子たちがそういった認識があるかというのは，正直，こちらとしてはあまり意外と薄いんじゃないかなというところがあるので，特にボウハンティアに関してはですね。……そのボウハンティアによって，警察の方と地域と特に高校生が連携しているんだという認識に関しては，そんなに高くはないと思いますね。

## (3) ボウハンティアに関する現状

　設問「ボウハンティアを知っていますか。」（以下，ボウハンティア認知と略記する）に対して，「はい」とした回答に着目すると，全体では68.9％であった。男女別では，女子（72.8％）が男子（64.4％）より8.4ポイント多かった（$\chi^2(1)$ =7.34, p<.01）。学年別では，3年生（79.3％）が，1年生（63.5％）・2年生（65.9％）より約13〜16ポイント多かった（$\chi^2(2)$=16.89, p<.001）。

　生徒の口述から，活動に参加して初めて，それがボウハンティアであるということを認識していることがわかる。見方を変えれば，活動に参加したことがない生徒や教師や仲間からそれに関する話を聞く機会がないと認識するには至らないことが推察される。そのため，生徒にとっては，日常生活に密着した身近な活動とはなっていないのではないかと考えられる。

D-S1

　ボウハンティアを初めて知ったのが学校でそのポスターを見た時で，生徒会

## 表4-3　ボウハンティアに関する現状

(上段：人数，下段カッコ内：%)

| | | 全体 | 性別 | | | 学年 | | | |
|---|---|---|---|---|---|---|---|---|---|
| | | | 男子 | 女子 | $\chi^2(1)$ | 1年生 | 2年生 | 3年生 | $\chi^2(2)$ |
| ボウハンティア認知 | はい | 606 (68.9) | 260 (64.4) | 346 (72.8) | ** 7.34 | 148 (63.5) | 267 (65.9) | 191 (79.3) | *** 16.89 |
| | いいえ | 273 (31.1) | 144 (35.6) | 129 (27.2) | | 85 (36.5) | 138 (34.1) | 50 (20.7) | |
| ボウハンティア自覚 | はい | 265 (30.1) | 117 (29.0) | 148 (31.2) | 0.50 | 63 (27.0) | 123 (30.4) | 79 (32.8) | 1.87 |
| | いいえ | 614 (69.9) | 287 (71.0) | 327 (68.8) | | 170 (73.0) | 282 (69.6) | 162 (67.2) | |
| 音楽祭見学経験 | はい | 603 (68.6) | 271 (67.1) | 332 (69.9) | 0.80 | 156 (67.0) | 286 (70.6) | 161 (66.8) | 1.42 |
| | いいえ | 276 (31.4) | 133 (32.9) | 143 (30.1) | | 77 (33.0) | 119 (29.4) | 80 (33.2) | |
| 音楽祭発表・運営経験 | はい | 113 (12.9) | 24 (5.9) | 89 (18.7) | *** 31.91 | 45 (19.3) | 25 (6.2) | 43 (17.8) | *** 30.17 |
| | いいえ | 766 (87.1) | 380 (94.1) | 386 (81.3) | | 188 (80.7) | 380 (93.8) | 198 (82.2) | |
| 合計 | | 879 (100.0) | 404 (100.0) | 475 (100.0) | | 233 (100.0) | 405 (100.0) | 241 (100.0) | |

** p<.01，*** p<.001

に入っていたこともあり，先生から「ボウハンティアっていうのがあるけど行かないか」という話をいただいて認識しました。……参加したことで認知すると思うので参加していない人はわからないと思います。……高校生で参加した人はボウハンティアについて知っていると思うんですけど，まだまだ知らない人もいるので積極的に参加できるように，学校内でも呼びかけを強化していけばいいなと思います。


D-S2

　2年間参加してるんですけど参加したときに初めて聞いて，ああこういう活動があってるんだなっていうのを知りました。……私たちがボウハンティアに行って「パフォーマンスをして，こういうことを伝えるんだ」みたいな感じなことを言って，言った子たちにはちょっとは伝わってると思うんですけど，他

の子たちにはあんまり伝わってないかなと思います。

C-S3

　ボウハンティア音楽祭が10月に行われ，そのときに改めて自分がボウハン
ティアであると知ったり，自覚するのではないかと思います。


　教師も生徒と同様に捉えており，参加しないとボウハンティアのことはわか
らないであろうという見解を示している。そのため，できるだけ多くの生徒に
参加の機会が持てるように意識していることもうかがえる。


A-T

　そこに参加しないと，ボウハンティアの自分も一員なんだという意識はなか
なか，ですね。そういう意味では，ああ，自分もそうなんだという子と，やっ
ぱり参加してない子は，あの場にいないと感じられないと思うので，その差は
出てくるでしょうね。……ボウハンティアの活動，ボウハンティア音楽祭もそ
うですし，自体は，結局は参加をした生徒は，こんなことがあってるんだって
ことは十分，わかると思いますし，吹奏楽部の子たちもみんなで合唱したりし
て，そういった気持ちが高めれたりするんですけど。実際やっぱ参加してない
生徒たちは，ボウハンティア音楽祭自体は見ることができないので。


C-T

　「ボウハンティア，何かわかる？」って言っても多分，わからないと思います。
学警連の説明は一応しますし，事あるごとに学校と警察は連絡をしっかり取り
合ってるんですよという話はするんですけれども，学警連の中のボウハンティ
アって言われたときには，高校生の防犯ボランティアの一員だっていう部分に
関しては，ほぼないと思います。ボウハンティア音楽祭が行われる，もしくは
そこに一緒に会場に行って参加することで初めて，その意義とか趣旨が何とな
く理解できるかなというところだと思います。……基本的には1年生を動員す

るような形にしてます。いろいろな意味で，本校の生徒の演奏を見る機会もそうそうありませんし，他校の生徒たちの姿を見ることもあまりありませんし，そういったのを見れるいいチャンスだっていうことと，ボウハンティアの意味を知るために行きましょうっていうところで行きます。

　ちなみに，教員の認識については，先述したように教育課程に位置づいているため，その内容の理解度は別として，存在については認知しているものと考えられる。

B-T
　1年生のクラスが行くので，担任は必ず行くんですよ。担任と学年団。1学年団は基本的に協力したりするので，そこに関わったことがあられる先生は，ご存じでしょうし。一応，学年行事の中というか，行事の中にはボウハンティア音楽祭っていうものが入ってて，生徒がそこに対して動くので，実際参加されたことがなくて中身がわからなくても，そういったことが毎年あるっていうのは多分ご存じだと思います。

　それでは，今回インタビューに回答してもらった生徒は，「ボウハンティア」をどのように捉えているのかを確認してみる。すると，2つの見方があることがわかる。1つは，防犯意識の向上という，活動の趣旨・内容に直結するものとして理解しているということである。もう1つは，そこでの交流を通して，様々な気づきや学びが得られるものとして理解しているということである。両者に共通する点としては，自己成長の一助になっているという認識があるのではないかと推察される。

A-S2
　地域の方々との交流を含め，その中での絆の深まりだったり，そういうことを通した上で防犯に対する意識を高めるということだと，私は思っています。

144

A-S1

　利益を求めて活動するのではなくて，本当に人の安全のために防犯に関しての知識だったり，関心をどんどん広げていくような活動だと思っています。


B-S1

　ボウハンティアは，その地域，荒尾玉名地域の高校や小学校，保育園などのあらゆる年代の方たちと協力して，自分たちの命を守るために，交通のことを音楽や，などを通して全体で高め合っていくというか，意識を高めて，自分を守ることにつなげていくように感じました。……生徒会長として最初にある交通安全宣言などの式典に参加して，ボウハンティアを通して，私は地域と連携してこういう大きな交通安全宣言などの企画をして，地域との連携を図ることによって，自分の自己意識，交通に対して自分の今までの行動に振り返ることができる，いい機会だなと思いました。


B-S3

　太鼓部として，他の学校の生徒の人とか小さい子とつながれるっていうのが一番に気付いたことで，なかなか関わりのない他校の人とかとも。なんて言えばいいんだろう。他校の人たちと関わって，自分がまだまだ足りないところとかを気付けたなと思います。


　設問「自身がボウハンティアの一員であることを知っていますか。」（以下，ボウハンティア自覚と略記する）に対して，「はい」とした回答に着目すると，全体では30.1％であった。

　設問「ボウハンティア音楽祭を見たことがありますか。」（以下，音楽祭見学経験と略記する）に対して，「はい」とした回答に着目すると，全体では68.6％であった。

　設問「ボウハンティア音楽祭の舞台で発表したり，運営に関わったことがありますか。」（以下，音楽祭発表・運営経験と略記する）に対して，「はい」とした

回答に着目すると，全体では12.9%であった。男女別では，女子（18.7%）が男子（5.9%）より12.8ポイント多かった（$\chi^2(1)$=31.91, p<.001）。学年別では，2年生（6.2%）が，1年生（19.3%）・3年生（17.8%）より12ポイント前後少なかった（$\chi^2(2)$=30.17, p<.001）（**表4-3**）。

　これらの結果から，全体でみると，約7割の生徒はボウハンティアを認知しているが，自分がそのボウハンティアの一員であるという自覚があるのは約3割にとどまっていることがわかった。認知している生徒に着目してみると，自覚がある生徒が43.2%，自覚がない生徒が56.8%であった。すなわち，自覚がない生徒の方が多く，認知していても自覚があるか否かは別であることが推察される（**表4-4**）。

　また，音楽祭見学経験の有無とボウハンティア自覚の有無の関係について，音楽祭見学経験がある生徒に着目すると，ボウハンティア自覚がある生徒39.8%，ボウハンティア自覚がない生徒60.2%であった。ボウハンティア自覚なしで見学している生徒の方が約20ポイント多く，ボウハンティア自覚がないまま見学している生徒が多いことがわかった（**表4-5**）。関連して，音楽祭発表・運営経験の有無とボウハンティア自覚の有無の関係では，音楽祭発表・運営経験のある生徒に着目すると，ボウハンティア自覚がある生徒62.8%，ボウハンティア自覚がない生徒37.2%であった。ボウハンティア自覚ありで音楽祭の発表・運営に携わっている生徒の方が25ポイント以上多く，音楽祭の発表・運

### 表4-4　ボウハンティア認知×ボウハンティア自覚

（上段：人数，下段カッコ内：%）

| | | ボウハンティア自覚 | | | $\chi^2(1)$ |
| --- | --- | --- | --- | --- | --- |
| | | あり | なし | 合計 | |
| ボウハンティア認知 | あり | 262<br>(43.2) | 344<br>(56.8) | 606<br>(100.0) | ***<br>158.67 |
| | なし | 3<br>(1.1) | 270<br>(98.9) | 273<br>(100.0) | |
| | 合計 | 265<br>(30.1) | 614<br>(69.9) | 879<br>(100.0) | |

*** p<.001

## 表4-5　音楽祭見学経験×ボウハンティア自覚

（上段：人数，下段カッコ内：％）

| | | ボウハンティア自覚 | | | $\chi^2(1)$ |
|---|---|---|---|---|---|
| | | あり | なし | 合計 | |
| 音楽祭見学経験 | あり | 240<br>(39.8) | 363<br>(60.2) | 603<br>(100.0) | ***<br>84.98 |
| | なし | 25<br>(9.1) | 251<br>(90.9) | 276<br>(100.0) | |
| | 合計 | 265<br>(30.1) | 614<br>(69.9) | 879<br>(100.0) | |

\*\*\* p<.001

## 表4-6　音楽祭発表・運営経験×ボウハンティア自覚

（上段：人数，下段カッコ内：％）

| | | ボウハンティア自覚 | | | $\chi^2(1)$ |
|---|---|---|---|---|---|
| | | あり | なし | 合計 | |
| 音楽祭発表・運営経験 | あり | 71<br>(62.8) | 42<br>(37.2) | 113<br>(100.0) | ***<br>33.06 |
| | なし | 194<br>(25.3) | 572<br>(74.7) | 766<br>(100.0) | |
| | 合計 | 265<br>(30.1) | 614<br>(69.9) | 879<br>(100.0) | |

\*\*\* p<.001

営に関してはボウハンティア自覚がある生徒が多いことが明らかになった（**表4-6**）。ボウハンティア音楽祭への関わりに関して，見学に関してはボウハンティア自覚がない生徒が多く，発表・運営にはボウハンティア自覚がある生徒が多かったことから，ボウハンティア音楽祭への関わり度合いの高さとボウハンティア自覚の有無には関係があることが推察される。

### (4) ボウハンティアの活動経験の効果

それでは，こうしたボウハンティアに関する現状がどのような影響を及ぼしているのか，これまでに取り組んだことがある活動，自己認識，規範意識，警察に対するイメージに着目して分析する。

## ① これまでに取り組んだことがある活動

　これまでに取り組んだことがある活動について，全体を概観すると，「5.あいさつ運動」（70.0％）への取組みが最も多く，「4.環境美化活動」（57.3％）がそれに次ぎ，これらの活動は約6〜7割の生徒が体験していることがわかった。また，「1.地域に貢献する交流活動」（48.8％）と「3.高齢者との交流活動」（47.7％）は，半数近くの生徒が取り組んでいることが明らかになった（**表4-8**）。

　これに関連して，学校によっては，学校全体の取組みとしてあいさつや環境美化に取り組んでいるところもある。また，「音楽の都　玉名」ということで，いつでも，どこでも音楽に出会えることを目指しており，年間を通して玉名市内で音楽関連のイベントが開催されている（**表4-7**）。その中で，高校生が部活動の一環として参加することもあり，地域社会に貢献する交流活動ができているものと思われる。

A-T

　いろんな部活動が各部活の先生の呼びかけとかで，朝から清掃活動したりとか，朝練の一環で清掃活動したりとかいうこともやってますし。それから小さな親切運動で，今，生徒会が中心になって，あいさつ日本一を目指してっていうところで，月に何回かあいさつ運動を，スマイルプロジェクトっていう旗を上げてやってくれてるんですけど。その小さな親切運動の一環で，各クラスごとに定期的に，今日はそこの神社に掃除に行こうかとか，今日は玉名駅に行こうかとか。玉名駅に行く途中に地下道があるんですけど，あそこの清掃活動をしたりとかで，いろんな形でそういう活動をしてます。これも学期に1回なんですけど，全校生徒でクリーン作戦ということで，それぞれのクラスで行く場所を決めて，そこのごみ拾いをしてきたりとかの活動はしてます。

　ボウハンティア認知に着目すると，「6. 自転車盗難防止活動」（3.7ポイント差），「8. 防犯意識啓発活動」（7.3ポイント差），「9. 高等学校マナーアップ委員会の活動」（2.9ポイント差）で，ボウハンティアを知っている生徒の方が体験し

**表4-7 これまでに取り組んだことがある活動**

(上段：人数，下段カッコ内：%)

| | 全体 | ボウンティア認知 | | χ²(1) | ボウンティア自覚 | | χ²(1) | 音楽祭見学経験 | | χ²(1) | 音楽祭発表・運営経験 | | χ²(1) |
|---|---|---|---|---|---|---|---|---|---|---|---|---|---|
| | | はい | いいえ | | はい | いいえ | | はい | いいえ | | はい | いいえ | |
| 1. 地域に貢献する交流活動 | 429 (48.8) | 299 (49.3) | 130 (47.6) | 0.22 | 152 (57.4) | 277 (45.1) | 11.11** | 291 (48.3) | 138 (50.0) | 0.23 | 60 (53.1) | 369 (48.2) | 0.96 |
| 2. 乳幼児との交流活動 | 270 (30.7) | 183 (30.2) | 87 (31.9) | 0.25 | 86 (32.5) | 184 (30.0) | 0.54 | 181 (30.0) | 89 (32.2) | 0.44 | 35 (31.0) | 235 (30.7) | 0.00 |
| 3. 高齢者との交流活動 | 419 (47.7) | 301 (49.7) | 118 (43.2) | 3.14 | 139 (52.5) | 280 (45.6) | 3.48 | 294 (48.8) | 125 (45.3) | 0.91 | 55 (48.7) | 364 (47.5) | 0.05 |
| 4. 環境美化活動 | 504 (57.3) | 359 (59.2) | 145 (53.1) | 2.89 | 158 (59.6) | 346 (56.4) | 0.81 | 331 (54.9) | 173 (62.7) | 4.70* | 67 (59.3) | 437 (57.0) | 0.20 |
| 5. あいさつ運動 | 615 (70.0) | 420 (69.3) | 195 (71.4) | 0.40 | 181 (68.3) | 434 (70.7) | 0.50 | 412 (68.3) | 203 (73.6) | 2.46 | 89 (78.8) | 526 (68.7) | 4.77* |
| 6. 自転車盗難防止活動 | 45 (5.1) | 38 (6.3) | 7 (2.6) | 5.32* | 16 (6.0) | 29 (4.7) | 0.66 | 35 (5.8) | 10 (3.6) | 1.85 | 4 (3.5) | 41 (5.4) | 0.67 |
| 7. 交通安全意識啓発活動 | 89 (10.1) | 67 (11.1) | 22 (8.1) | 1.86 | 34 (12.8) | 55 (9.0) | 3.05 | 67 (11.1) | 22 (8.0) | 2.05 | 16 (14.2) | 73 (9.5) | 2.32 |
| 8. 防犯意識啓発活動 | 60 (6.8) | 55 (9.1) | 5 (1.8) | 15.53*** | 33 (12.5) | 27 (4.4) | 18.89*** | 53 (8.8) | 7 (2.5) | 11.64** | 21 (18.6) | 39 (5.1) | 28.19*** |
| 9. 高等学校マナーアップ委員会の活動 | 24 (2.7) | 22 (3.6) | 2 (0.7) | 5.95* | 12 (4.5) | 12 (2.0) | 4.62* | 18 (3.0) | 6 (2.2) | 0.47 | 4 (3.5) | 20 (2.6) | 0.32 |

\* p<.05，\*\* p<.01，\*\*\* p<.001

第4章　熊本県玉名市における「高校生防犯ボランティア組織ボウハンティア」　149

## 表4-8 2018年度玉名市音楽イベント

| 月 | イベント名 | 場所 | 主催 |
|---|---|---|---|
| 4 | ロビーコンサート | 玉名市役所ロビー | 玉名市教育委員会 |
| 5 | ロビーコンサート | 玉名市役所ロビー | 玉名市教育委員会 |
| 6 | 明治維新150年記念演奏會 | 玉名市民会館大ホール | 樂奏団ゆめのねいろ |
| | フォレストサウンド大正琴可の子会15周年コンサート | 玉名市文化センター | フォレストサウンド大正琴可の子会 |
| | ねむの木コンサート | 歴史博物館こころピア | 玉名市教育委員会 |
| | ロビーコンサート | 玉名市役所ロビー | 玉名市教育委員会 |
| 7 | 熊本震災・北部豪雨災害支援コンサート | 歴史博物館こころピア | 個人 |
| | ロビーコンサート | 玉名市役所ロビー | 玉名市教育委員会 |
| 8 | ロビーコンサート | 玉名市役所ロビー | 玉名市教育委員会 |
| 9 | タマナスウィングオーケストラコンサート | 歴史博物館こころピア | タマナスウィングオーケストラ |
| | ロビーコンサート | 玉名市役所ロビー | 玉名市教育委員会 |
| | ハートフルコンサート | 玉名市民会館大ホール | 有明地域こころのネットワーク推進事業実行委員会事務局 |
| 10 | スクールバンドコンサート | 玉名市民会館大ホール | 玉名市教育委員会 |
| | 玉名市民文化祭　コーラスフェスティバル | 玉名市文化センター | 玉名市文化協会 |
| | ロビーコンサート | 玉名市役所ロビー | 玉名市教育委員会 |
| 11 | 玉名市民文化祭　歌声喫茶 | 高瀬蔵 | 玉名市文化協会 |
| | ロビーコンサート | 玉名市役所ロビー | 玉名市教育委員会 |
| 12 | 玉名市民文化祭　玉名市民合唱団定期演奏会 | 玉名市民会館大ホール | 玉名市文化協会 |
| | 玉名市民文化祭　玉名演奏者協会第40回リサイタル | 玉名市民会館大ホール | 玉名市文化協会 |
| | ロビーコンサート | 玉名市役所ロビー | 玉名市教育委員会 |
| 1 | 第12回玉名市民音楽祭 | 玉名市民会館大ホール | 玉名市民音楽祭実行委員会，玉名市・玉名市教育委員会 |
| | お正月コンサート | 歴史博物館こころピア | 玉名市教育委員会 |
| | ロビーコンサート | 玉名市役所ロビー | 玉名市教育委員会 |
| 2 | ロビーコンサート | 玉名市役所ロビー | 玉名市教育委員会 |
| 3 | 春の音コンサート | 歴史博物館こころピア | 玉名市教育委員会 |
| | 玉名音楽フェスティバル | 蓮華院誕生寺奥之院 | 玉名音楽フェスティバル実行委員会 |
| | ロビーコンサート | 玉名市役所ロビー | 玉名市教育委員会 |

ている割合が多かった。ボウハンティア自覚については，「1. 地域に貢献する交流活動」(12.3ポイント差)，「8. 防犯意識啓発活動」(8.1ポイント差) で，ボウハンティアの自覚がある生徒の方が体験している割合が多かった。音楽祭見学経験に関しては，「4. 環境美化活動」(7.8ポイント差) は見学したことがない生徒の方が，「8. 防犯意識啓発活動」(6.3ポイント差) は見学経験のある生徒の方が体験している割合が多かった。音楽祭発表・運営経験では，「5. あいさつ運動」(10.1ポイント差) と「8. 防犯意識啓発活動」(13.5ポイント差) で発表・運営経験のある生徒の方が体験している割合が多かった。

　総じて，「8. 防犯意識啓発活動」に関して，ボウハンティアに親和的であったり，ボウハンティア音楽祭に関わりのある生徒の方が体験している割合が多かった。他方，「2. 乳幼児との交流活動」や「3. 高齢者との交流活動」，「7. 交通安全意識啓発活動」に関しては4観点すべてにおいて有意な差は認められなかった。


### ② 自己認識

　自己認識に関して，設問「普段のあなたにどの程度あてはまりますか。」で，「まったくあてはまらない」1点，「あまりあてはまらない」2点，「どちらともいえない」3点，「ややあてはまる」4点，「とてもあてはまる」5点として平均点・標準偏差を算出した (5点満点)。

　全体を概観すると，「(14) 頼りにできる人がいる」(4.09点) が最も得点が高く，以下，「(8) 自分が今いるグループや集団の人たちを信頼することができている」(3.84点)，「(4) 今自分がいるグループや集団に自主的に加わっている」(3.65点)，「(18) 誰に対しても思いやりをもって接することができている」(3.62点)，「(1) 積極的に周りの人と関わりをもつことができている」(3.60点) が続き，他者への信頼感や積極的な関わりに関する項目が上位であった。他方，「(10) 欠点も含めて自分のことが好きだ」(2.85点) をはじめ，「(19) 自分自身に納得している」(2.97点)，「(5) 今の自分に満足している」(3.04点)，「(21) 他人は自分をだましたりはしないと感じることができている」(3.14点)，「(22) 自

## 表4-9　自己認識

（上段：平均値，下段カッコ内：標準偏差）

| | 全体 | ボランティア認知 はい | ボランティア認知 いいえ | t値 | ボランティア自覚 はい | ボランティア自覚 いいえ | t値 | 音楽祭見学経験 はい | 音楽祭見学経験 いいえ | t値 | 音楽祭発表・運営経験 はい | 音楽祭発表・運営経験 いいえ | t値 |
|---|---|---|---|---|---|---|---|---|---|---|---|---|---|
| (1) 積極的に周りの人と関わりをもつことができている | 3.60 (1.01) | 3.64 (0.99) | 3.53 (1.05) | 1.46 | 3.75 (0.94) | 3.54 (1.03) | 2.95** | 3.61 (0.97) | 3.60 (1.08) | 0.10 | 3.80 (0.96) | 3.57 (1.01) | 2.29* |
| (2) 全体的に他人を信じることができている | 3.39 (0.98) | 3.41 (0.98) | 3.33 (0.99) | 1.13 | 3.42 (0.96) | 3.37 (0.99) | 0.67 | 3.38 (0.96) | 3.40 (1.04) | 0.19 | 3.33 (0.98) | 3.40 (0.99) | 0.72 |
| (3) 人のためになることを積極的にすることができている | 3.48 (0.91) | 3.50 (0.90) | 3.44 (0.94) | 0.84 | 3.57 (0.81) | 3.44 (0.95) | 1.96 | 3.49 (0.89) | 3.46 (0.96) | 0.40 | 3.70 (0.87) | 3.45 (0.91) | 2.83** |
| (4) 今自分がいるグループや集団に自主的に加わっている | 3.65 (1.00) | 3.65 (0.98) | 3.63 (1.03) | 0.37 | 3.69 (0.99) | 3.62 (1.00) | 0.97 | 3.67 (0.97) | 3.60 (1.06) | 0.92 | 3.71 (1.03) | 3.64 (0.99) | 0.70 |
| (5) 今の自分に満足している | 3.04 (1.05) | 3.07 (1.04) | 2.97 (1.08) | 1.18 | 3.11 (1.02) | 3.01 (1.06) | 1.35 | 3.04 (1.02) | 3.04 (1.12) | 0.03 | 2.83 (1.14) | 3.07 (1.03) | 2.08* |
| (6) 進んで人の役に立つことをすることができている | 3.27 (0.88) | 3.29 (0.85) | 3.21 (0.95) | 1.21 | 3.39 (0.83) | 3.21 (0.90) | 2.84** | 3.28 (0.85) | 3.25 (0.95) | 0.34 | 3.45 (0.94) | 3.24 (0.87) | 2.25* |
| (7) 今の自分を大切にしている | 3.50 (0.97) | 3.55 (0.96) | 3.40 (0.97) | 2.06* | 3.59 (0.94) | 3.46 (0.97) | 1.84 | 3.52 (0.95) | 3.46 (0.99) | 0.80 | 3.49 (1.03) | 3.51 (0.96) | 0.18 |
| (8) 自分が今いるグループや集団の人たちを信頼することができている | 3.84 (0.99) | 3.86 (1.00) | 3.78 (0.99) | 1.15 | 3.85 (0.99) | 3.83 (1.00) | 0.23 | 3.84 (0.98) | 3.83 (1.02) | 0.08 | 3.75 (1.06) | 3.85 (0.99) | 0.93 |
| (9) 自分から進んで人の輪の中に入ることができている | 3.48 (1.09) | 3.48 (1.09) | 3.48 (1.11) | 0.00 | 3.53 (1.06) | 3.46 (1.11) | 0.88 | 3.47 (1.06) | 3.52 (1.16) | 0.64 | 3.45 (1.17) | 3.49 (1.08) | 0.32 |
| (10) 欠点も含めて自分のことが好きだ | 2.85 (1.06) | 2.88 (1.05) | 2.80 (1.09) | 1.03 | 2.92 (1.06) | 2.83 (1.06) | 1.22 | 2.85 (1.05) | 2.87 (1.10) | 0.21 | 2.80 (1.16) | 2.86 (1.05) | 0.58 |
| (11) 自分から進んで人と信頼関係をつくることができている | 3.41 (1.02) | 3.41 (1.03) | 3.38 (1.00) | 0.40 | 3.51 (1.01) | 3.36 (1.03) | 1.93 | 3.41 (1.01) | 3.39 (1.06) | 0.26 | 3.49 (1.10) | 3.39 (1.01) | 0.85 |
| (12) 周囲の人々のために自主的に行動することができている | 3.37 (0.93) | 3.40 (0.94) | 3.31 (0.90) | 1.37 | 3.51 (0.88) | 3.31 (0.95) | 3.01** | 3.37 (0.92) | 3.37 (0.94) | 0.03 | 3.55 (0.95) | 3.34 (0.92) | 2.13* |

152

| | 全体 | ボランティア認知 | | | ボランティア自覚 | | | 音楽祭見学経験 | | | 音楽祭発表・運営経験 | | |
|---|---|---|---|---|---|---|---|---|---|---|---|---|---|
| | | はい | いいえ | t値 | はい | いいえ | t値 | はい | いいえ | t値 | はい | いいえ | t値 |
| (13) 自分が今いるグループや集団の一員であることを実感している | 3.63 (1.01) | 3.64 (1.02) | 3.62 (1.00) | 0.29 | 3.69 (1.04) | 3.61 (1.00) | 1.08 | 3.62 (1.00) | 3.66 (1.05) | 0.43 | 3.59 (1.16) | 3.64 (0.99) | 0.46 |
| (14) 頼りにできる人がいる | 4.09 (1.04) | 4.10 (1.02) | 4.05 (1.07) | 0.57 | 4.10 (1.02) | 4.08 (1.04) | 0.31 | 4.08 (1.03) | 4.10 (1.06) | 0.31 | 4.07 (1.11) | 4.09 (1.03) | 0.15 |
| (15) 自分には何かしら誇れるものがある | 3.32 (1.13) | 3.38 (1.11) | 3.18 (1.16) | 2.45* | 3.43 (1.10) | 3.28 (1.15) | 1.85 | 3.32 (1.12) | 3.32 (1.17) | 0.03 | 3.30 (1.26) | 3.32 (1.11) | 0.20 |
| (16) 困っている人に対して積極的に手助けすることができている | 3.59 (0.94) | 3.63 (0.92) | 3.49 (0.99) | 2.03* | 3.70 (0.89) | 3.54 (0.96) | 2.33* | 3.61 (0.90) | 3.54 (1.03) | 1.06 | 3.81 (0.93) | 3.55 (0.94) | 2.67** |
| (17) 自分が集団や社会のメンバーであるという自覚がある | 3.54 (0.95) | 3.60 (0.92) | 3.41 (1.00) | 2.66** | 3.78 (0.82) | 3.44 (0.98) | 5.03*** | 3.57 (0.91) | 3.47 (1.02) | 1.40 | 3.67 (0.92) | 3.52 (0.95) | 1.63 |
| (18) 誰に対しても思いやりをもって接することができている | 3.62 (0.92) | 3.66 (0.89) | 3.51 (0.97) | 2.18* | 3.77 (0.87) | 3.55 (0.93) | 3.28** | 3.67 (0.87) | 3.50 (1.00) | 2.48* | 3.78 (0.90) | 3.59 (0.92) | 2.04* |
| (19) 自分自身に納得している | 2.97 (1.00) | 3.00 (0.99) | 2.88 (1.03) | 1.70 | 3.06 (1.01) | 2.93 (0.99) | 1.83 | 2.96 (0.98) | 2.99 (0.98) | 0.40 | 2.74 (1.16) | 3.00 (0.97) | 2.54* |
| (20) 他人のためでも自ら進んで力を尽くすことができている | 3.38 (0.89) | 3.42 (0.88) | 3.29 (0.91) | 1.97 | 3.49 (0.84) | 3.33 (0.91) | 2.52* | 3.40 (0.87) | 3.35 (0.96) | 0.75 | 3.46 (0.89) | 3.37 (0.90) | 1.00 |
| (21) 他人は自分をだましたりはしないと感じることができている | 3.14 (1.05) | 3.16 (1.05) | 3.11 (1.06) | 0.70 | 3.26 (1.02) | 3.09 (1.07) | 2.27* | 3.20 (1.02) | 3.03 (1.13) | 2.10* | 3.16 (1.08) | 3.14 (1.05) | 0.17 |
| (22) 自分で自分自身を認めることができている | 3.16 (0.98) | 3.21 (0.97) | 3.04 (1.00) | 2.42* | 3.29 (0.99) | 3.10 (0.97) | 2.56* | 3.14 (0.96) | 3.14 (1.02) | 0.31 | 3.04 (1.14) | 3.17 (0.96) | 1.15 |
| (23) 周囲の人との活動に積極的に参加している | 3.36 (0.96) | 3.43 (0.94) | 3.23 (0.98) | 2.81** | 3.50 (0.91) | 3.30 (0.97) | 2.88** | 3.40 (0.95) | 3.28 (0.99) | 1.75 | 3.39 (0.94) | 3.36 (0.96) | 0.31 |
| (24) 周りの人を無闇に疑ったりは決してしない | 3.42 (1.01) | 3.48 (0.99) | 3.29 (1.03) | 2.46* | 3.57 (0.97) | 3.35 (1.01) | 2.99** | 3.48 (0.98) | 3.28 (1.05) | 2.72** | 3.44 (0.97) | 3.42 (1.01) | 0.28 |

\* p<.05, \*\* p<.01, \*\*\* p<.001

分で自分自身を認めることができている」(3.16点) の得点が低く，自己肯定感に関する項目が下位であった。

ボウハンティア認知に着目すると，「(7) 今の自分を大切にしている」(0.15点差)，「(15) 自分には何かしら誇れるものがある」(0.20点差)，「(16) 困っている人に対して積極的に手助けすることができている」(0.14点差)，「(17) 自分が集団や社会のメンバーであるという自覚がある」(0.19点差)，「(18) 誰に対しても思いやりをもって接することができている」(0.15点差)，「(22) 自分で自分自身を認めることができている」(0.17点差)，「(23) 周囲の人との活動に積極的に参加している」(0.20点差)，「(24) 周りの人を無闇に疑ったりは決してしない」(0.21点差) で，認知している生徒の得点が高かった。ボウハンティア自覚については，「(1) 積極的に周りの人と関わりをもつことができている」(0.21点差)，「(6) 進んで人の役に立つことをすることができている」(0.18点差)，「(12) 周囲の人々のために自主的に行動することができている」(0.20点差)，「(16) 困っている人に対して積極的に手助けすることができている」(0.16点差)，「(17) 自分が集団や社会のメンバーであるという自覚がある」(0.34点差)，「(18) 誰に対しても思いやりをもって接することができている」(0.22点差)，「(20) 他人のためでも自ら進んで力を尽くすことができている」(0.17点差)，「(21) 他人は自分をだましたりはしないと感じることができている」(0.17点差)，「(22) 自分で自分自身を認めることができている」(0.19点差)，「(23) 周囲の人との活動に積極的に参加している」(0.20点差)，「(24) 周りの人を無闇に疑ったりは決してしない」(0.22点差) で，自覚している生徒の得点が高かった。音楽祭見学経験に関して，「(18) 誰に対しても思いやりをもって接することができている」(0.17点差)，「(21) 他人は自分をだましたりはしないと感じることができている」(0.17点差)，「(24) 周りの人を無闇に疑ったりは決してしない」(0.20点差) で，見学経験のある生徒の得点が高かった。音楽祭発表・運営経験では，「(1) 積極的に周りの人と関わりをもつことができている」(0.23点差)，「(3) 人のためになることを積極的にすることができている」(0.25点差)，「(6) 進んで人の役に立つことをすることができている」(0.21点差)，「(12) 周囲の人々のために自主的

154

に行動することができている」(0.21点差),「(16)困っている人に対して積極的に手助けすることができている」(0.26点差),「(18)誰に対しても思いやりをもって接することができている」(0.19点差)で,発表・運営経験のある生徒の得点が高かった。他方,「(5)今の自分に満足している」(0.24点差)と「(19)自分自身に納得している」(0.26点差)では,ない生徒の得点が高かった。

　総じて,「(18)誰に対しても思いやりをもって接することができている」において,4観点すべてで有意差があり,ボウハンティアに親和的であったり,関わりがある生徒の得点が高かった。生徒の声にも,その一端をみることができる。また,ボウハンティア自覚に関して,11項目において自覚がある生徒の得点が有意に高く,自己認識とボウハンティア自覚に関連があることが推察される(**表4-9**)。


### C-S6

　いろんな考えを持った人と交流を持つことで,防犯以外の考えの面でもいろいろ知れることがあると思うので。防犯も含めて,いろいろ活動できるよって言うと思います。……そういう活動があって,防犯のことだけじゃない,全く知らない人だけど,一緒に活動していくことで仲良くなれて,そっからまた話が広がると思うので。勉強面とか進路面とかも広がると思うし,地域の人とかだったら,通学のときにここが危ないよとか。


### C-S3

　事故などの防止とかで地域の人と話す機会を増やして,人とのコミュニケーションを取れる機会を増やすための活動だと思います。


### ③ 規範意識

　規範意識について,設問「人々の次のようなふるまいを目にしたとき,あなたはどの程度「迷惑だ」と感じますか。」で,「まったく感じない」1点,「あまり感じない」2点,「どちらともいえない」3点,「やや感じる」4点,「非常

に感じる」5点として平均点・標準偏差を算出した（5点満点）（**表4-10**）。

　全体を概観すると，「(10) 電車やバスに乗るために，並んで待っている人たちの横から割り込もうとすること」(4.69点) の得点が最も高く，以下，「(15) 他人の自転車を倒してそのままにすること」(4.62点)，「(5) 路上にかんだガムを捨てること」(4.61点)，「(4) 散歩させている犬のフンを始末しないこと」(4.54点) が続き，他者に対する配慮に関する項目が上位であった。他方，「(24) 買う気がないのに，本屋で立ち読みをすること」(3.19点) や「(27) 授業中に，授業と関係のないことを友達としゃべること」(3.43点)，「(17) 火事や交通事故の現場を見に行くこと」(3.52点)，「(25) 友達に「お金を貸して」と頼むこと」(3.60点) などの項目は比較的得点が低く，生活節度に関する項目が下位であった。

　ボウハンティア認知に着目すると，全29項目中24項目において，認知している生徒の得点が高かった。特に，「(12) 交通量の多い場所で，並列して自転車に乗っていること」(0.32点差)，「(13) 人通りの激しい場所で，グループが横になって歩くこと」(0.31点差)，「(14) 夜，無灯火のままで自転車にのること」(0.25点差)，「(26) 授業や講演会などで，携帯電話のスイッチを切らなかったり，マナーモードにしないこと」(0.26点差)，「(27) 授業中に，授業と関係のないことを友達としゃべること」(0.25点差)，「(28) 授業や講演会が始まっていても，音を立てて入ってくること」(0.27点差) といった交通マナーや他者への配慮に関する項目で，その差が比較的大きかった。ボウハンティア自覚については，全29項目中19項目において，自覚のある生徒の得点が高かった。とりわけ，「(14) 夜，無灯火のままで自転車にのること」(0.26点差)，「(24) 買う気がないのに，本屋で立ち読みをすること」(0.25点差)，「(28) 授業や講演会が始まっていても，音を立てて入ってくること」(0.22点差) といった交通マナーや礼儀に関する項目で得点差が比較的大きかった。音楽祭見学経験に関して，全29項目中11項目において，見学経験のある生徒の得点が高かった。その中でも，「(9) 電車やバスの中で携帯電話をかけること」(0.21点差)，「(14) 夜，無灯火のままで自転車に乗ること」(0.23点差)，「(25) 友達に「お金を貸して」と頼むこと」(0.28点差) といった交通マナーや生活節度に関する項目で比較的得

**表4-10　規範意識**

（上段：平均値，下段カッコ内：標準偏差）

| | 全体 | ボウハンティア認知 | | | ボウハンティア自覚 | | | 音楽祭見学経験 | | | 音楽祭発表・運営経験 | | |
|---|---|---|---|---|---|---|---|---|---|---|---|---|---|
| | | はい | いいえ | t値 | はい | いいえ | t値 | はい | いいえ | t値 | はい | いいえ | t値 |
| (1) 空き缶をポイ捨てすること | 4.42 (0.81) | 4.48 (0.75) | 4.30 (0.92) | 3.01** | 4.51 (0.74) | 4.38 (0.86) | 2.11* | 4.44 (0.79) | 4.38 (0.86) | 1.00 | 4.42 (0.89) | 4.42 (0.79) | 0.04 |
| (2) ごみを分別せずに捨てること | 4.11 (0.87) | 4.17 (0.82) | 4.00 (0.97) | 2.47* | 4.22 (0.80) | 4.07 (0.90) | 2.36* | 4.16 (0.83) | 4.01 (0.94) | 2.30* | 4.16 (0.85) | 4.11 (0.87) | 0.59 |
| (3) 公衆トイレに落書きをすること | 4.44 (0.88) | 4.51 (0.82) | 4.29 (1.00) | 3.50*** | 4.54 (0.80) | 4.40 (0.92) | 2.20* | 4.46 (0.87) | 4.41 (0.91) | 0.77 | 4.40 (0.95) | 4.45 (0.87) | 0.55 |
| (4) 散歩させている犬のフンを始末しないこと | 4.54 (0.80) | 4.60 (0.73) | 4.40 (0.91) | 3.38** | 4.60 (0.72) | 4.51 (0.82) | 1.45 | 4.56 (0.78) | 4.49 (0.83) | 1.09 | 4.60 (0.83) | 4.53 (0.79) | 0.90 |
| (5) 路上にかんだガムを捨てること | 4.61 (0.75) | 4.66 (0.67) | 4.49 (0.88) | 3.17** | 4.66 (0.69) | 4.58 (0.77) | 1.34 | 4.64 (0.71) | 4.53 (0.82) | 2.06* | 4.66 (0.79) | 4.60 (0.74) | 0.85 |
| (6) 駅や学校付近で，指定された区域以外に自転車等を置くこと | 3.85 (1.03) | 3.88 (1.02) | 3.79 (1.05) | 1.28 | 3.97 (1.03) | 3.81 (1.03) | 2.12* | 3.87 (1.03) | 3.82 (1.03) | 0.76 | 3.87 (1.11) | 3.85 (1.02) | 0.13 |
| (7) 電車やバスの中で，グループの人同士が大きな声でおしゃべりをすること | 4.35 (0.89) | 4.39 (0.86) | 4.26 (0.95) | 1.89 | 4.42 (0.87) | 4.32 (0.90) | 1.57 | 4.39 (0.90) | 4.26 (0.88) | 2.06* | 4.30 (0.96) | 4.36 (0.88) | 0.61 |
| (8) 電車やバスなどで，混んでいるのに席をつめないこと | 4.33 (0.92) | 4.38 (0.90) | 4.22 (0.96) | 2.30* | 4.38 (0.91) | 4.31 (0.93) | 1.12 | 4.36 (0.92) | 4.26 (0.92) | 1.56 | 4.38 (1.03) | 4.32 (0.91) | 0.58 |
| (9) 電車やバスの中で携帯電話をかけること | 4.03 (0.99) | 4.06 (0.96) | 3.97 (1.06) | 1.26 | 4.16 (0.88) | 3.98 (1.03) | 2.66** | 4.10 (0.95) | 3.89 (1.06) | 2.93** | 4.09 (0.99) | 4.02 (0.99) | 0.65 |
| (10) 電車やバスに乗るために，並んで待っている人たちの横から割り込もうとすること | 4.69 (0.70) | 4.73 (0.65) | 4.60 (0.78) | 2.24* | 4.75 (0.63) | 4.66 (0.72) | 1.65 | 4.72 (0.66) | 4.62 (0.77) | 2.09* | 4.67 (0.85) | 4.69 (0.67) | 0.22 |
| (11) 自転車に乗りながら，あるいは歩きながら携帯電話をかけること | 3.70 (1.10) | 3.77 (1.10) | 3.53 (1.09) | 2.99** | 3.83 (1.13) | 3.64 (1.08) | 2.29* | 3.73 (1.10) | 3.61 (1.10) | 1.58 | 3.59 (1.27) | 3.71 (1.07) | 1.06 |

| 項目 | 全体 | ボウハンティア認知 はい | ボウハンティア認知 いいえ | t値 | ボウハンティア自覚 はい | ボウハンティア自覚 いいえ | t値 | 音楽祭見学経験 はい | 音楽祭見学経験 いいえ | t値 | 音楽祭発表・運営経験 はい | 音楽祭発表・運営経験 いいえ | t値 |
|---|---|---|---|---|---|---|---|---|---|---|---|---|---|
| (12) 交通量の多い場所で、並列して自転車に乗っていること | 4.30 (0.90) | 4.40 (0.82) | 4.08 (1.01) | 4.95*** | 4.40 (0.83) | 4.25 (0.92) | 2.43* | 4.34 (0.87) | 4.20 (0.94) | 2.05* | 4.23 (1.03) | 4.31 (0.88) | 0.76 |
| (13) 人通りの激しい場所で、グループが横になって歩くこと | 4.33 (0.90) | 4.43 (0.84) | 4.12 (0.98) | 4.42*** | 4.43 (0.84) | 4.29 (0.92) | 2.18* | 4.36 (0.90) | 4.28 (0.90) | 1.21 | 4.38 (0.96) | 4.33 (0.89) | 0.57 |
| (14) 夜、無灯火のまま自転車にのること | 4.05 (1.05) | 4.13 (1.01) | 3.88 (1.10) | 3.14** | 4.23 (0.94) | 3.97 (1.08) | 3.66*** | 4.12 (1.01) | 3.89 (1.11) | 3.00** | 4.03 (1.11) | 4.05 (1.04) | 0.23 |
| (15) 他人の自転車を倒してそのままにすること | 4.62 (0.74) | 4.68 (0.65) | 4.48 (0.88) | 3.69*** | 4.69 (0.63) | 4.58 (0.78) | 2.09* | 4.65 (0.68) | 4.54 (0.84) | 1.96 | 4.65 (0.77) | 4.61 (0.73) | 0.59 |
| (16) コンビニの前にたむろして、話をしていること | 4.01 (1.06) | 4.07 (1.03) | 3.88 (1.12) | 2.41* | 4.10 (1.04) | 3.97 (1.07) | 1.61 | 4.04 (1.03) | 3.94 (1.13) | 1.27 | 4.10 (1.16) | 4.00 (1.05) | 0.86 |
| (17) 火事や交通事故の現場を見に行くこと | 3.52 (1.10) | 3.56 (1.08) | 3.42 (1.13) | 1.63 | 3.60 (1.03) | 3.48 (1.13) | 1.41 | 3.55 (1.08) | 3.43 (1.14) | 1.46 | 3.58 (1.19) | 3.51 (1.09) | 0.57 |
| (18) 混雑しているレストランで、荷物だけを先に置いて席取りすること | 3.65 (1.17) | 3.71 (1.14) | 3.52 (1.23) | 2.22* | 3.78 (1.15) | 3.59 (1.18) | 2.19* | 3.68 (1.14) | 3.58 (1.23) | 1.12 | 3.81 (1.21) | 3.63 (1.16) | 1.54 |
| (19) バイキング形式の食事で、食べきれないほどの料理をとってきて残すこと | 4.09 (1.04) | 4.16 (1.00) | 3.94 (1.09) | 2.81** | 4.20 (1.01) | 4.04 (1.04) | 2.13* | 4.12 (1.02) | 4.03 (1.08) | 1.27 | 4.07 (1.21) | 4.10 (1.01) | 0.23 |
| (20) 一度手にした商品を元の場所に戻さないこと | 4.12 (0.97) | 4.17 (0.92) | 4.01 (1.08) | 2.14* | 4.23 (0.92) | 4.07 (0.99) | 2.33* | 4.16 (0.93) | 4.04 (1.05) | 1.69 | 4.15 (1.05) | 4.12 (0.96) | 0.32 |
| (21) 病院、映画館、レストランなどで大きな声をだしたり笑ったりすること | 4.44 (0.85) | 4.50 (0.79) | 4.30 (0.94) | 3.34** | 4.55 (0.76) | 4.39 (0.88) | 2.62** | 4.49 (0.81) | 4.34 (0.92) | 2.48* | 4.44 (0.95) | 4.44 (0.83) | 0.01 |
| (22) 夜中に、近所に聞こえるほどの大きな音で音楽を聴くこと | 4.37 (0.91) | 4.43 (0.84) | 4.22 (1.03) | 3.19** | 4.46 (0.84) | 4.32 (0.94) | 2.22* | 4.39 (0.89) | 4.32 (0.96) | 1.07 | 4.35 (1.02) | 4.37 (0.90) | 0.23 |
| (23) 間違い電話をかけてもあやまらずに切ってしまうこと | 3.89 (1.12) | 3.92 (1.11) | 3.81 (1.14) | 1.35 | 3.97 (1.11) | 3.85 (1.12) | 1.46 | 3.94 (1.08) | 3.78 (1.20) | 1.92 | 4.05 (1.16) | 3.86 (1.11) | 1.65 |

| 項目 | 全体 | ボウハンティア認知 | | t値 | ボウハンティア自覚 | | t値 | 音楽祭見学経験 | | t値 | 音楽祭発表・運営経験 | | t値 |
|---|---|---|---|---|---|---|---|---|---|---|---|---|---|
| | | はい | いいえ | | はい | いいえ | | はい | いいえ | | はい | いいえ | |
| (24) 買う気がないのに、本屋で立ち読みをすること | 3.19 (1.18) | 3.26 (1.17) | 3.05 (1.18) | 2.46* | 3.37 (1.21) | 3.12 (1.16) | 2.93** | 3.25 (1.16) | 3.07 (1.21) | 2.09* | 3.23 (1.27) | 3.19 (1.17) | 0.33 |
| (25) 友達に「お金を貸して」と頼むこと | 3.60 (1.16) | 3.66 (1.15) | 3.47 (1.17) | 2.23* | 3.71 (1.17) | 3.56 (1.15) | 1.85 | 3.69 (1.11) | 3.41 (1.24) | 3.43** | 3.59 (1.23) | 3.60 (1.15) | 0.09 |
| (26) 授業や講演会などで、携帯電話のスイッチを切らなかったり、マナーモードにしないこと | 4.06 (1.00) | 4.14 (0.96) | 3.88 (1.07) | 3.61*** | 4.19 (0.98) | 4.00 (1.01) | 2.63** | 4.10 (0.96) | 3.96 (1.08) | 1.90 | 4.12 (1.09) | 4.05 (0.99) | 0.69 |
| (27) 授業中に、授業と関係のないことを友達としゃべること | 3.43 (1.06) | 3.51 (1.05) | 3.26 (1.07) | 3.25** | 3.55 (1.04) | 3.38 (1.06) | 2.26* | 3.45 (1.03) | 3.39 (1.11) | 0.84 | 3.38 (1.20) | 3.44 (1.04) | 0.57 |
| (28) 授業や講演会が始まっていても、音を立てて入ってくること | 3.98 (1.00) | 4.06 (0.94) | 3.79 (1.10) | 3.81*** | 4.13 (0.95) | 3.91 (1.01) | 3.04** | 4.03 (0.94) | 3.86 (1.10) | 2.39* | 4.04 (1.11) | 3.97 (0.98) | 0.70 |
| (29) 図書館で声の大きさを気にしないでしゃべること | 4.28 (0.89) | 4.33 (0.87) | 4.16 (0.93) | 2.57* | 4.35 (0.88) | 4.25 (0.89) | 1.60 | 4.32 (0.86) | 4.19 (0.96) | 1.88 | 4.29 (0.95) | 4.28 (0.88) | 0.16 |

\* p<.05, \*\* p<.01, \*\*\* p<.001

点差が大きかった。音楽祭発表・運営経験では、全項目で有意差は認められなかった。

　総じて、「(14) 夜、無灯火のままで自転車にのること」などの交通マナーに関する項目について、ボウハンティアを認知・自覚している親和的な生徒の得点が高かった。生徒の声にも、その一端を見ることができる。教育内容についての理解、安全に対する感情・認知のレベルに留まることなく、行動変容の段階に至っていることから効果の大きさを看取することができる[6]。規範意識の高さに関しては、認知や自覚といった意識の有無に関連があること、また、音楽祭への参加といった実態の有無はあまり関連がないように推察される。


## A-S2

　警察関係者と一緒に活動することによって、ふとした瞬間に防犯に対しての意識が高まることが増えたので、ボウハンティア音楽祭を通して、私たちにもプラスになったことがあるので、そこはとても良い点だと思います。……例えば通学しているときなどに、自転車の人だったり、私たちが歩いてるときなどにスマホを結構触ってる人が多いので。そこで結構事故とかがあったりすることが多くなってくるので、そこで友達に対して、「歩いてるときはスマホは見ないで歩こう」とか。そういういったことに関しても注意できるようになったので、そこはいい点だと思います。


## ④ 警察に対するイメージ

　質問紙調査では、警察に対するイメージについて、「親切な (1点) 〜不親切な (5点)」、「頼もしい (1点) 〜頼りない (5点)」、「優しい (1点) 〜厳しい (5点)」、「陽気な (1点) 〜陰気な (5点)」、「親しみやすい (1点) 〜親しみにくい (5点)」の5項目で平均点・標準偏差を算出した (5点満点)。そのため、平均点が小さい方が肯定的なイメージということになる。

　全体を概観すると (**表4-11**)、「頼もしい〜頼りない」(2.16点)、「親切な〜不親切な」(2.29点) であることから、頼もしい・親切なイメージが強い一方で、「親

## 表4-11　警察に対するイメージ。5点満点

(上段：平均値，下段カッコ内：標準偏差)

| | 全体 | ボウハンティア認知 | | t値 | ボウハンティア自覚 | | t値 |
|---|---|---|---|---|---|---|---|
| | | はい | いいえ | | はい | いいえ | |
| 親切な(1)〜<br>不親切な(5) | 2.29<br>(1.00) | 2.24<br>(1.00) | 2.39<br>(0.99) | 2.07* | 2.16<br>(1.00) | 2.34<br>(0.99) | 2.47* |
| 頼もしい(1)〜<br>頼りない(5) | 2.16<br>(1.06) | 2.09<br>(1.03) | 2.33<br>(1.11) | 3.19** | 2.02<br>(1.03) | 2.22<br>(1.07) | 2.64** |
| 優しい(1)〜<br>厳しい(5) | 2.59<br>(1.10) | 2.53<br>(1.07) | 2.73<br>(1.14) | 2.48* | 2.40<br>(1.05) | 2.67<br>(1.11) | 3.38** |
| 陽気な(1)〜<br>陰気な(5) | 2.82<br>(0.91) | 2.78<br>(0.89) | 2.91<br>(0.95) | 1.91 | 2.62<br>(0.85) | 2.91<br>(0.92) | 4.55*** |
| 親しみやすい(1)〜<br>親しみにくい(5) | 3.18<br>(1.09) | 3.16<br>(1.08) | 3.22<br>(1.12) | 0.78 | 3.07<br>(1.11) | 3.23<br>(1.09) | 1.98* |

| | 音楽祭見学経験 | | t値 | 音楽祭発表・<br>運営経験 | | t値 |
|---|---|---|---|---|---|---|
| | はい | いいえ | | はい | いいえ | |
| 親切な(1)〜<br>不親切な(5) | 2.25<br>(0.99) | 2.37<br>(1.01) | 1.68 | 2.29<br>(1.04) | 2.29<br>(0.99) | 0.03 |
| 頼もしい(1)〜<br>頼りない(5) | 2.12<br>(1.05) | 2.25<br>(1.08) | 1.68 | 2.15<br>(1.07) | 2.17<br>(1.06) | 0.14 |
| 優しい(1)〜<br>厳しい(5) | 2.54<br>(1.09) | 2.69<br>(1.12) | 1.86 | 2.51<br>(1.08) | 2.60<br>(1.10) | 0.80 |
| 陽気な(1)〜<br>陰気な(5) | 2.78<br>(0.91) | 2.91<br>(0.91) | 2.07* | 2.73<br>(0.96) | 2.83<br>(0.90) | 1.12 |
| 親しみやすい(1)〜<br>親しみにくい(5) | 3.16<br>(1.11) | 3.21<br>(1.07) | 0.63 | 3.12<br>(1.11) | 3.19<br>(1.09) | 0.67 |

\* $p<.05$，　\*\* $p<.01$，　\*\*\* $p<.001$

しみやすい〜親しみにくい」(3.18点)，「陽気な〜陰気な」(2.82点)，「優しい〜厳しい」(2.59点)であり，親しみにくい・陰気な・厳しいというイメージがあることも明らかになった。

　ボウハンティア認知に着目すると，「親切な〜不親切な」(0.15点差)，「頼もしい〜頼りない」(0.24点差)，「優しい〜厳しい」(0.20点差)で，認知している生徒の得点が低く，肯定的な捉え方をしていた。ボウハンティア自覚については，「親切な〜不親切な」(0.18点差)，「頼もしい〜頼りない」(0.20点差)，「陽気

な〜陰気な」(0.29点差),「親しみやすい〜親しみにくい」(0.16点差) で, 自覚のある生徒の得点が低く, 肯定的な捉え方をしていた。音楽祭見学経験に関して,「陽気な〜陰気な」(0.13点差) で, 見学経験のある生徒の得点が低く, 肯定的な捉え方をしていた。音楽祭発表・運営経験では, 得点に有意差は認められなかった。

## ⑤ 因子分析等の結果・考察

　自己認識に関する24項目を用いて, 探索的因子分析 (最尤法・プロマックス回転) を実施した。その結果, 固有値1以上の因子が3つ認められた。固有値の推移は, 第Ⅰ因子から順に11.286, 1.706, 1.116であり, 固有値の減衰状況と因子のスクリープロットの形状及び因子解釈可能性から総合的に検討し, 3因子が適当であると判断した。さらに, いずれの因子にも高い負荷量 (.40以下) をもたない3項目を削除し, 改めて3因子を指定した因子分析 (最尤法・プロマックス回転) を実施した (**表4-12**)。

### 表4-12　自己認識に関する因子分析

| | 第Ⅰ因子 | 第Ⅱ因子 | 第Ⅲ因子 | 共通性 | 平均値 | (標準偏差) |
|---|---|---|---|---|---|---|
| **第Ⅰ因子「集団所属意識」($\alpha = .923$)** | | | | | | |
| (9) 自分から進んで人の輪の中に入ることができている | .88 | -.05 | .01 | .71 | 3.48 | (1.09) |
| (13) 自分が今いるグループや集団の一員であることを実感している | .74 | .10 | .02 | .69 | 3.63 | (1.01) |
| (1) 積極的に周りの人と関わりをもつことができている | .74 | .09 | -.02 | .63 | 3.60 | (1.01) |
| (11) 自分から進んで人と信頼関係をつくることができている | .71 | .08 | .11 | .72 | 3.41 | (1.02) |
| (8) 自分が今いるグループや集団の人たちを信頼することができている | .70 | -.02 | .05 | .52 | 3.84 | (0.99) |
| (4) 今自分がいるグループや集団に自主的に加わっている | .69 | .16 | -.11 | .56 | 3.65 | (1.00) |
| (14) 頼りにできる人がいる | .62 | .04 | -.03 | .41 | 4.09 | (1.04) |

| | 第Ⅰ因子 | 第Ⅱ因子 | 第Ⅲ因子 | 共通性 | 平均値 | （標準偏差） |
|---|---|---|---|---|---|---|
| (2) 全体的に他人を信じることができている | .51 | .00 | .19 | .41 | 3.39 | (0.98) |
| (23) 周囲の人との活動に積極的に参加している | .50 | .26 | .10 | .62 | 3.36 | (0.96) |
| **第Ⅱ因子「貢献感」（α = .922）** | | | | | | |
| (20) 他人のためでも自ら進んで力を尽くすことができている | -.08 | .85 | .08 | .71 | 3.38 | (0.89) |
| (16) 困っている人に対して積極的に手助けすることができている | .10 | .79 | -.11 | .66 | 3.59 | (0.94) |
| (6) 進んで人の役に立つことをすることができている | .00 | .75 | .06 | .62 | 3.27 | (0.88) |
| (18) 誰に対しても思いやりをもって接することができている | .03 | .72 | .03 | .59 | 3.62 | (0.92) |
| (3) 人のためになることを積極的にすることができている | .22 | .72 | -.14 | .66 | 3.48 | (0.91) |
| (12) 周囲の人々のために自主的に行動することができている | .30 | .55 | .06 | .71 | 3.37 | (0.93) |
| (17) 自分が集団や社会のメンバーであるという自覚がある | .31 | .42 | .08 | .56 | 3.54 | (0.95) |
| **第Ⅲ因子「自己受容」（α = .890）** | | | | | | |
| (19) 自分自身に納得している | -.20 | .18 | .87 | .74 | 2.97 | (1.00) |
| (22) 自分で自分自身を認めることができている | -.04 | .08 | .80 | .69 | 3.16 | (0.98) |
| (5) 今の自分に満足している | .14 | -.23 | .80 | .58 | 3.04 | (1.05) |
| (10) 欠点も含めて自分のことが好きだ | .11 | -.07 | .75 | .60 | 2.85 | (1.06) |
| (7) 今の自分を大切にしている | .15 | .15 | .54 | .57 | 3.50 | (0.97) |
| 因子寄与 | 9.73 | 9.25 | 7.39 | | | |
| 因子間相関　Ⅰ | | .78 | .64 | | | |
| 　　　　　　Ⅱ | | | .62 | | | |

Kaiser-Meyer-Olkin の測度：.961，Bartlett 検定：p<.001

　第Ⅰ因子は，因子負荷量の高い項目が「(9) 自分から進んで人の輪の中に入ることができている」「(13) 自分が今いるグループや集団の一員であることを実感している」「(1) 積極的に周りの人と関わりをもつことができている」などであることから「集団所属意識」と命名した。第Ⅱ因子は，因子負荷量の高

## 表4-13　規範意識に関する因子分析

| | 第Ⅰ因子 | 第Ⅱ因子 | 第Ⅲ因子 | 共通性 | 平均値 | (標準偏差) |
|---|---|---|---|---|---|---|
| **第Ⅰ因子「生活節度」（α = .872）** | | | | | | |
| (24) 買う気がないのに，本屋で立ち読みをすること | .80 | -.10 | -.07 | .50 | 3.19 | (1.18) |
| (27) 授業中に，授業と関係のないことを友達としゃべること | .67 | -.02 | .02 | .46 | 3.43 | (1.06) |
| (17) 火事や交通事故の現場を見に行くこと | .66 | .01 | .06 | .50 | 3.52 | (1.10) |
| (25) 友達に「お金を貸して」と頼むこと | .59 | .02 | -.04 | .34 | 3.60 | (1.16) |
| (11) 自転車に乗りながら，あるいは歩きながら携帯電話をかけること | .57 | .14 | .00 | .43 | 3.70 | (1.10) |
| (18) 混雑しているレストランで，荷物だけを先に置いて席取りすること | .53 | -.03 | .19 | .42 | 3.65 | (1.17) |
| (6) 駅や学校付近で，指定された区域以外に自転車等を置くこと | .52 | .39 | -.11 | .53 | 3.85 | (1.03) |
| (23) 間違い電話をかけてもあやまらずに切ってしまうこと | .48 | .02 | .23 | .44 | 3.89 | (1.12) |
| (28) 授業や講演会が始まっていても，音を立てて入ってくること | .46 | .02 | .31 | .50 | 3.98 | (1.00) |
| **第Ⅱ因子「公衆道徳」（α = .867）** | | | | | | |
| (1) 空き缶をポイ捨てすること | .09 | .77 | -.03 | .65 | 4.42 | (0.81) |
| (2) ごみを分別せずに捨てること | .23 | .77 | -.22 | .60 | 4.11 | (0.87) |
| (5) 路上にかんだガムを捨てること | -.19 | .74 | .26 | .70 | 4.61 | (0.75) |
| (3) 公衆トイレに落書きをすること | .08 | .65 | .04 | .53 | 4.44 | (0.88) |
| (4) 散歩させている犬のフンを始末しないこと | -.14 | .63 | .24 | .53 | 4.54 | (0.80) |
| **第Ⅲ因子「他者配慮」（α = .876）** | | | | | | |
| (21) 病院，映画館，レストランなどで大きな声をだしたり笑ったりすること | .03 | -.09 | .82 | .61 | 4.44 | (0.85) |
| (22) 夜中に，近所へ聞こえるほどの大きな音で音楽を聴くこと | .17 | -.01 | .67 | .61 | 4.37 | (0.91) |

|  | 第Ⅰ因子 | 第Ⅱ因子 | 第Ⅲ因子 | 共通性 | 平均値 | (標準偏差) |
|---|---|---|---|---|---|---|
| (10) 電車やバスに乗るために,並んで待っている人たちの横から割り込もうとすること | -.18 | .27 | .65 | .56 | 4.69 | (0.70) |
| (15) コンビニの前にたむろして,話をしていること | -.12 | .33 | .59 | .60 | 4.62 | (0.74) |
| (29) 図書館で声の大きさを気にしないでしゃべること | .25 | .01 | .51 | .49 | 4.28 | (0.89) |
| (20) 一度手にした商品を元の場所に戻さないこと | .27 | .03 | .47 | .48 | 4.12 | (0.97) |
| (19) バイキング形式の食事で,食べきれないほどの料理をとってきて残すこと | .34 | -.04 | .46 | .48 | 4.09 | (0.97) |
| 因子寄与 | 6.76 | 6.51 | 7.02 |  |  |  |
| 因子間相関　Ⅰ |  | .55 | .62 |  |  |  |
| 　　　　　　Ⅱ |  |  | .67 |  |  |  |

Kaiser-Meyer-Olkin の測度：.949，Bartlett 検定：p<.001

い項目が「(20) 他人のためでも自ら進んで力を尽くすことができている」「(16) 困っている人に対して積極的に手助けすることができている」「(6) 進んで人の役に立つことをすることができている」などであることから「貢献感」と命名した。第Ⅲ因子は，因子負荷量の高い項目が「(19) 自分自身に納得している」「(22) 自分で自分自身を認めることができている」「(5) 今の自分に満足している」などであることから「自己受容」と命名した。なお，Cronbach の α 係数を用いて各下位尺度の内的整合性を検討したところ，「集団所属意識」.923，「貢献感」.922，「自己受容」.890 で，因子構造の明確さと信頼性の高さが十分に確認された。

　規範意識に関する29項目を用いて，探索的因子分析（最尤法・プロマックス回転）を実施した（**表4-13**）。その結果，固有値1以上の因子が3つ認められた。固有値の推移は，第Ⅰ因子から順に，9.189，1.899，1.212であり，固有値の減衰状況と因子のスクリープロットの形状及び因子解釈可能性から総合的に検討し，3因子が適当であると判断した。さらに，いずれの因子にも高い負荷量（.40以下）をもたない8項目を削除し，改めて3因子を指定した因子分析（最尤法・

プロマックス回転）を実施した。

　第Ⅰ因子は，因子負荷量の高い項目が「(24) 買う気がないのに，本屋で立ち読みをすること」「(27) 授業中に，授業と関係のないことを友達としゃべること」「(17) 火事や交通事故の現場を見に行くこと」などであることから「生活節度」と命名した。第Ⅱ因子は，因子負荷量の高い項目が「(1) 空き缶をポイ捨てすること」「(2) ごみを分別せずに捨てること」「(5) 路上にかんだガムを捨てること」などであることから「公衆道徳」と命名した。第Ⅲ因子は，因子負荷量の高い項目が「(2) 病院，映画館，レストランなどで大きな声をだしたり笑ったりすること」「(22) 夜中に，近所へ聞こえるほどの大きな音で音楽を聴くこと」「(10) 電車やバスに乗るために，並んで待っている人たちの横から割り込もうとすること」などであることから「他者配慮」と命名した。なお，Cronbachの $\alpha$ 係数を用いて各下位尺度の内的整合性を検討したところ，「生活節度」.872，「公衆道徳」.867，「他者配慮」.876で，因子構造の明確さと信頼性の高さが十分に確認された。

　自己認識3因子，規範意識3因子について，警察イメージとボウハンティア[7]認知，警察イメージとボウハンティア自覚，警察イメージと音楽祭見学経験，警察イメージと音楽祭発表・運営経験を2要因とする分散分析を行った。

　その結果，警察イメージとボウハンティア認知では，自己認識3因子すべてで警察イメージによる主効果が有意であった。また，規範意識3因子すべてで警察イメージとボウハンティア認知による主効果が有意であった。警察イメージとボウハンティア自覚では，自己認識3因子すべてで警察イメージによる主効果が有意であった。それから，「貢献感」でボウハンティア自覚の主効果が有意であった。また，規範意識3因子すべてで警察イメージによる主効果が有意で，「生活節度」でボウハンティア自覚の主効果が有意であった。警察イメージと音楽祭見学経験では，自己認識3因子すべてで警察イメージによる主効果が有意であった。また，規範意識3因子すべてで警察イメージの主効果が有意で，「生活節度」で音楽祭見学経験の主効果が有意であった。警察イメージと音楽祭発表・運営経験では，自己認識3因子すべてで警察イメージによる主効

## 表4-14 警察イメージとボウハンティア認知を2要因とする分散分析

(左：平均値，右カッコ内：標準偏差)

| | | 警察イメージ：良い | | 警察イメージ：普通 | | 警察イメージ：悪い | | F値 主効果 | | 交互作用 |
| | | 知っている (n=174) | 知らない (n=62) | 知っている (n=313) | 知らない (n=134) | 知っている (n=119) | 知らない (n=77) | 警察イメージ | ボウハンティア認知 | |
|---|---|---|---|---|---|---|---|---|---|---|
| 自己認識 | 所属集団意識 | 35.01 (6.72) | 33.71 (7.26) | 32.32 (6.64) | 31.83 (6.96) | 29.96 (8.08) | 31.05 (7.30) | 14.17 *** | 0.19 | 1.42 |
| | 貢献感 | 26.36 (4.73) | 25.77 (5.49) | 24.27 (4.65) | 23.32 (5.33) | 22.44 (6.09) | 22.57 (5.57) | 23.05 *** | 1.37 | 0.69 |
| | 自己受容 | 16.86 (4.08) | 16.76 (4.33) | 15.55 (3.87) | 14.51 (4.16) | 14.45 (4.59) | 14.75 (4.25) | 15.57 *** | 0.76 | 1.88 |
| 規範意識 | 生活節度 | 35.61 (6.43) | 33.61 (7.52) | 33.00 (6.31) | 31.04 (6.36) | 30.89 (7.51) | 31.09 (8.30) | 14.32 *** | 5.71 * | 1.80 |
| | 公衆道徳 | 23.16 (2.59) | 21.63 (4.66) | 22.23 (2.89) | 21.84 (2.92) | 21.81 (3.49) | 20.73 (4.64) | 5.91 ** | 15.62 *** | 2.07 |
| | 他者配慮 | 32.09 (3.64) | 30.32 (6.05) | 30.76 (4.24) | 29.49 (4.64) | 30.04 (4.76) | 29.62 (5.84) | 4.81 ** | 10.57 ** | 1.04 |

* p<.05, ** p<.01, *** p<.001　　自由度はいずれも (5,873)

## 表4-15 警察イメージとボウハンティア自覚を2要因とする分散分析

(左：平均値，右カッコ内：標準偏差)

| | | 警察イメージ：良い | | 警察イメージ：普通 | | 警察イメージ：悪い | | F値 主効果 | | 交互作用 |
| | | あり (n=88) | なし (n=148) | あり (n=129) | なし (n=318) | あり (n=48) | なし (n=148) | 警察イメージ | ボウハンティア自覚 | |
|---|---|---|---|---|---|---|---|---|---|---|
| 自己認識 | 所属集団意識 | 34.80 (7.31) | 34.59 (6.63) | 33.10 (5.87) | 31.80 (7.03) | 29.73 (8.10) | 30.60 (7.69) | 18.62 *** | 0.14 | 1.34 |
| | 貢献感 | 26.56 (4.85) | 25.99 (5.00) | 25.21 (4.11) | 23.49 (5.08) | 22.77 (5.53) | 22.40 (6.01) | 23.58 *** | 4.78 * | 1.35 |
| | 自己受容 | 16.95 (4.45) | 16.76 (3.95) | 15.88 (3.83) | 14.98 (4.02) | 14.40 (4.46) | 14.63 (4.46) | 15.40 *** | 0.79 | 1.15 |
| 規範意識 | 生活節度 | 36.16 (6.34) | 34.45 (6.96) | 33.33 (6.83) | 32.04 (6.16) | 31.33 (7.10) | 30.85 (8.05) | 18.52 *** | 4.58 * | 0.36 |
| | 公衆道徳 | 23.33 (2.61) | 22.42 (3.65) | 22.30 (2.82) | 22.03 (2.93) | 21.63 (3.58) | 21.30 (4.14) | 8.24 *** | 3.68 | 0.71 |
| | 他者配慮 | 32.02 (3.24) | 31.39 (5.04) | 31.12 (4.31) | 30.08 (4.41) | 30.19 (5.02) | 29.78 (5.27) | 6.90 ** | 3.61 | 0.28 |

* p<.05, ** p<.01, *** p<.001　　自由度はいずれも (5,873)

## 表4-16 警察イメージと音楽祭見学経験を2要因とする分散分析

（左：平均値、右カッコ内：標準偏差）

| | | 警察イメージ：良い | | 警察イメージ：普通 | | 警察イメージ：悪い | | F値 主効果 | | | |
|---|---|---|---|---|---|---|---|---|---|---|
| | | あり (n=173) | なし (n=63) | あり (n=302) | なし (n=145) | あり (n=128) | なし (n=68) | 警察イメージ認知 | ボウハンデイア認知 | 交互作用 |
| 自己認識 | 所属集団意識 | 35.02 (6.69) | 33.70 (7.33) | 31.98 (6.47) | 32.57 (7.26) | 30.21 (7.46) | 30.72 (8.40) | 14.00 *** | 0.02 | 1.27 |
| | 貢献感 | 26.29 (4.65) | 25.97 (5.70) | 24.02 (4.61) | 23.92 (5.41) | 22.67 (5.79) | 22.15 (6.07) | 24.11 *** | 0.62 | 0.11 |
| | 自己受容 | 16.99 (4.12) | 16.40 (4.18) | 15.19 (3.89) | 15.34 (4.20) | 14.35 (4.28) | 14.99 (4.76) | 11.88 *** | 0.04 | 1.02 |
| 規範意識 | 生活節度 | 35.65 (6.56) | 33.54 (7.16) | 32.65 (6.29) | 31.92 (6.56) | 31.21 (7.50) | 30.51 (8.41) | 14.06 *** | 4.97 * | 0.73 |
| | 公衆道徳 | 22.97 (3.03) | 22.17 (3.97) | 22.17 (2.88) | 22.00 (2.95) | 21.52 (3.74) | 21.12 (4.47) | 6.70 ** | 3.18 | 0.58 |
| | 他者配慮 | 31.91 (3.92) | 30.84 (5.64) | 30.62 (4.28) | 29.88 (4.62) | 29.95 (4.80) | 29.74 (5.91) | 5.63 ** | 3.56 | 0.39 |

自由度はいずれも (5,873)　* p<.05，** p<.01，*** p<.001

## 表4-17 警察イメージと音楽発表・運営経験を2要因とする分散分析

（左：平均値、右カッコ内：標準偏差）

| | | 警察イメージ：良い | | 警察イメージ：普通 | | 警察イメージ：悪い | | F値 主効果 | | | |
|---|---|---|---|---|---|---|---|---|---|---|
| | | あり (n=88) | なし (n=148) | あり (n=129) | なし (n=318) | あり (n=48) | なし (n=148) | 警察イメージ認知 | ボウハンデイア認知 | 交互作用 |
| 自己認識 | 所属集団意識 | 36.24 (7.55) | 34.41 (6.75) | 32.04 (6.74) | 32.19 (6.74) | 28.65 (8.24) | 30.62 (7.71) | 16.29 *** | 0.02 | 1.77 |
| | 貢献感 | 27.85 (5.63) | 25.94 (4.78) | 24.77 (4.73) | 23.86 (4.89) | 23.52 (5.70) | 22.35 (5.91) | 15.70 *** | 5.78 * | 0.35 |
| | 自己受容 | 16.85 (5.33) | 16.83 (3.93) | 14.68 (4.13) | 15.32 (3.96) | 12.65 (5.21) | 14.83 (4.29) | 14.21 *** | 4.37 * | 1.72 |
| 規範意識 | 生活節度 | 35.36 (7.92) | 35.04 (6.59) | 33.17 (6.75) | 32.30 (6.33) | 29.91 (9.16) | 31.11 (7.63) | 11.44 *** | 0.00 | 0.66 |
| | 公衆道徳 | 23.09 (3.63) | 22.70 (3.27) | 22.40 (2.93) | 22.07 (2.90) | 20.65 (4.73) | 21.48 (3.91) | 7.39 | 0.01 | 1.04 |
| | 他者配慮 | 31.06 (5.85) | 31.71 (4.20) | 31.11 (4.38) | 30.28 (4.40) | 28.83 (6.79) | 30.02 (4.96) | 4.35 * | 0.47 | 1.77 |

自由度はいずれも (5,873)　* p<.05，** p<.01，*** p<.001

果が有意であった。それから，「貢献感」と「自己受容」で音楽祭発表・運営経験の主効果が有意であった。また，規範意識3因子すべてで警察イメージによる主効果が有意であった。

主効果が認められた因子について，警察イメージはTukey法による多重比較，ボウハンティア認知，ボウハンティア自覚，音楽祭見学経験，音楽祭発表・運営経験はt検定を行った。

その結果，警察イメージでは，自己認識3因子のうち「集団所属意識」と「貢献感」は，「良い」「普通」「悪い」の順で得点が高かった。「自己受容」については，「良い」が「普通」「悪い」より得点が高かった。また，規範意識3因子のうち「生活節度」と「公衆道徳」は，「良い」「普通」「悪い」の順で得点が高かった。「他者配慮」については，「良い」が「普通」「悪い」より得点が高かった。ボウハンティア認知では，自己認識3因子のうち「貢献感」と「自

表4-18　自己認識・規範意識：警察に対するイメージによる比較

（左：平均値，右カッコ内：標準偏差）

|  |  | 全体(n=879) | | 1：良い(n=236) | | 2：普通(n=447) | |
|---|---|---|---|---|---|---|---|
| 自己認識 | 集団所属意識 | 32.45 | (7.17) | 34.67 | (6.88) | 32.17 | (6.73) |
|  | 貢献感 | 24.25 | (5.30) | 26.20 | (4.94) | 23.98 | (4.88) |
|  | 自己受容 | 15.52 | (4.21) | 16.83 | (4.14) | 15.24 | (3.99) |
| 規範意識 | 生活節度 | 32.81 | (6.98) | 35.09 | (6.77) | 32.41 | (6.38) |
|  | 公衆道徳 | 22.12 | (3.32) | 22.76 | (3.32) | 22.11 | (2.90) |
|  | 他者配慮 | 30.60 | (4.65) | 31.62 | (4.46) | 30.38 | (4.40) |

|  |  | 3：悪い(n=196) | | F 値 | 多重比較 |
|---|---|---|---|---|---|
| 自己認識 | 集団所属意識 | 30.39 | (7.78) | 20.61*** | 1>2>3 |
|  | 貢献感 | 22.49 | (5.88) | 29.21*** | 1>2>3 |
|  | 自己受容 | 14.57 | (4.45) | 18.04*** | 1>2,1>3 |
| 規範意識 | 生活節度 | 30.97 | (7.81) | 21.02*** | 1>2>3 |
|  | 公衆道徳 | 21.38 | (4.01) | 9.38*** | 1>2>3 |
|  | 他者配慮 | 29.88 | (5.20) | 8.73*** | 1>2,1>3 |

＊＊＊ p<.001　自由度はいずれも（2,876）

## 表4-19　自己認識・規範意識：ボウハンティア認知比較

(左：平均値, 右カッコ内：標準偏差)

|  |  | 知っている（n=606） |  | 知らない（n=273） |  | t値 |
|---|---|---|---|---|---|---|
| 自己認識 | 集団所属意識 | 32.63 | (7.17) | 32.04 | (7.17) | 1.14 |
|  | 貢献感 | 24.51 | (5.16) | 23.67 | (5.54) | 2.13 * |
|  | 自己受容 | 15.71 | (4.16) | 15.09 | (4.31) | 1.99 * |
| 規範意識 | 生活節度 | 33.34 | (6.79) | 31.64 | (7.27) | 3.28 ** |
|  | 公衆道徳 | 22.41 | (2.98) | 21.48 | (3.91) | 3.89 *** |
|  | 他者配慮 | 31.00 | (4.25) | 29.72 | (5.33) | 3.82 *** |

\* p<.05,　\*\* p<.01,　\*\*\* p<.001

## 表4-20　自己認識・規範意識：ボウハンティア自覚比較

(左：平均値, 右カッコ内：標準偏差)

|  |  | あり（n=265） |  | なし（n=614） |  | t値 |
|---|---|---|---|---|---|---|
| 自己認識 | 集団所属意識 | 33.05 | (7.00) | 32.18 | (7.24) | 1.67 |
|  | 貢献感 | 25.22 | (4.80) | 23.83 | (5.45) | 3.59 *** |
|  | 自己受容 | 15.97 | (4.24) | 15.32 | (4.19) | 2.09 * |
| 規範意識 | 生活節度 | 33.91 | (6.92) | 32.34 | (6.96) | 3.08 ** |
|  | 公衆道徳 | 22.52 | (2.96) | 21.95 | (3.45) | 2.34 * |
|  | 他者配慮 | 31.25 | (4.17) | 30.32 | (4.81) | 2.72 ** |

\* p<.05,　\*\* p<.01,　\*\*\* p<.001

## 表4-21　自己認識・規範意識：音楽祭見学経験比較

(左：平均値, 右カッコ内：標準偏差)

|  |  | あり（n=603） |  | なし（n=276） |  | t値 |
|---|---|---|---|---|---|---|
| 自己認識 | 集団所属意識 | 32.48 | (6.97) | 32.37 | (7.62) | 0.18 |
|  | 貢献感 | 24.38 | (5.06) | 23.95 | (5.78) | 1.13 |
|  | 自己受容 | 15.53 | (4.15) | 15.49 | (4.36) | 0.12 |
| 規範意識 | 生活節度 | 33.21 | (6.83) | 31.94 | (7.24) | 2.45 * |
|  | 公衆道徳 | 22.26 | (3.16) | 21.82 | (3.63) | 1.82 |
|  | 他者配慮 | 30.85 | (4.35) | 30.07 | (5.20) | 2.33 * |

\* p<.05

表4-22　自己認識・規範意識：音楽祭発表・運営経験比較

（左：平均値，右カッコ内：標準偏差）

|  |  | あり（n=113） |  | なし（n=766） |  | t値 |
|---|---|---|---|---|---|---|
| 自己認識 | 集団所属意識 | 32.58 | (7.72) | 32.43 | (7.09) | 0.19 |
|  | 貢献感 | 25.42 | (5.42) | 24.07 | (5.26) | 2.47* |
|  | 自己受容 | 14.90 | (4.92) | 15.61 | (4.10) | 1.66 |
| 規範意識 | 生活節度 | 33.15 | (7.80) | 32.76 | (6.86) | 0.51 |
|  | 公衆道徳 | 22.25 | (3.63) | 22.10 | (3.27) | 0.40 |
|  | 他者配慮 | 30.63 | (5.41) | 30.60 | (4.53) | 0.05 |

\* p<.05

己受容」で「知っている」方の得点が高かった。規範意識では3因子すべてで，「知っている」方の得点が高かった。ボウハンティア自覚では，自己認識3因子のうち「貢献感」と「自己受容」で「あり」の得点が高かった。規範意識では3因子すべてで，「あり」の得点が高かった。音楽祭見学経験では，規範意識3因子のうち「生活節度」と「他者配慮」において，「あり」の得点が高かった。音楽祭発表・運営経験では，自己認識3因子のうち「貢献感」で「あり」の得点が高かった。

　これらの結果から，警察に対するイメージが「良い」ほど，自己認識も規範意識も高いことが明らかになった。高校生は，警察と一緒に具体的な活動に取り組むことも前向きに捉えていることから，検討の余地があるものと思われる。

## C-S6

　学警連の中のボウハンティアなので，先ほど申し上げたワイヤー錠の配布などの活動を通して，犯罪防止や学校と警察の協力を感じることはできてると思います。ですので課題はないと思います。やってみたい活動は，警察の方と駅前であいさつ運動をしたいなあって思っています。事故などの危険性がある場所での安全を確認する，見回り運動をして，ルールを守り事故に気を付ける意義を高めていきたいと思っているからです。

C-S3

　私の地元では，駅に警察の方と地域の安全委員会という人たちが連携して，あいさつ運動を行われているんですよね。それに私たちも参加して一緒にできたらいいなあって思ってます。


　また，ボウハンティアに関する意識について，認知・自覚していることが規範意識の高さや自己認識（「貢献感」,「自己受容」）の高さと関連があることが推察される。その一方で，ボウハンティアが玉名市内5校すべての高校生によって組織されており，規模が大きすぎるためか，「集団所属意識」との関連は弱いことが示された。これらを勘案すると，ボウハンティアの活動規模とそれに伴う実践の在り方について，検討を要する状況にあるのではないかと思われる。

　ボウハンティアに関する実態について，音楽祭との関わりに着目すると，見学経験があることは，規範意識の中の「生活節度」と「他者配慮」の高さと関連があることが明らかになった。音楽祭の構成内容とも関連すると思われるが，一定の効果が認められることから，できるだけ多くの生徒に経験を促すことは有意義であると考えられる。また，発表・運営経験があることは，自己認識の中の「貢献感」の高さと関連があった。これは，見学とは異なり，発表・運営に向けての相応の準備期間があり，その過程や当日のパフォーマンス，見学者の反応などを通して，自らの実践が社会や他者の役に立っているという実感を持つことになり，「貢献感」の高さになっているものと思われる。

　見学と発表・運営では，身につく資質・能力が自ずと異なることが明確になった。見学できる生徒は3年間に1回程度であることが多いことや，発表する生徒は毎年のように発表し，3年間継続して経験を蓄積している実情を鑑みると，自己認識や規範意識の涵養に関して，ある種の偏りが生じることが危惧される。すべての生徒が同様の体験をすることは難しい側面があると思われるが，音楽祭当日だけではなく，それに向けての学習や取組みの中で，様々な思いや体験を共有できる場を各学校において確保するなどの改善が必要となるのではないかと考えられる。

A-T

　生徒によっては，参加した生徒でもどのくらいそれを認識してるのかなって個人差があったりは，それは実際のところだと思います。楽しかった，で終わる生徒ももしかしたらいるかもしれないですし，防犯に少しでもつながる生徒もいるかもしれないですし。ただ参加した生徒が主になって，周りに広めてくれれば参加していない生徒も。本当は全校生徒でどこの学校もってできればいいんでしょうけど，なかなか会場のこととかそういったところもあるので，難しいとは思うんですけど。


D-S2

　みんなでやるにはその大切さ？　なんでこれをする必要があるのかとかが，やっぱりみんな疑問になると思うのでそういうところがちゃんと伝わればみんな協力してくれると思います。


　また，ボウハンティア音楽祭などを通して，全国レベルの質の高い音楽に定期的・日常的に接することができているため，音楽に対する親和性が高いのではないかと考えられる。また，音楽という誰もが比較的楽しみやすいものであるからこそ，他者に魅せることで直接的な反応を得ることが可能で，自ずとコミュニケーション能力が高まるのではないかと推察される。こうしたことを勘案すると，音楽そのものに着目して，効果について検証する視点を持つことも求められるものと思われる。


B-S2

　玉名市は音楽の町であると思うから，自分の町のことは知っておかなければならないし。こういう機会があることで，幼稚園から高校生までいろんな分野の音楽を聴くことができて，感情も豊かになるからいいと思います。

A-S2

　やっぱり私たちも幸せをお客さまにお届けするというところで，一番そこを強くお届けしたいと思っているので。笑顔にしたり，何か困っていることとか，そのとき悩んでいることがあったとしても，音楽を通して，その場では何か通じるものがあると思うので。音楽を良い方向にその人を変えるということで，そこが一番やりがいを感じるところです。……私たちの部活では今，中学校や小学校にスクール訪問といって，学校に行って演奏する機会があって，スクールコンサートという名で活動しているのですが。そのときに実際に小学校や中学校の方の前で演奏するのですが，とても手拍子など参加してくださるので，難しい言葉でとか音楽ではあるのですが，音楽で通じる心というのがあると思うので，そこに関しては高校生だけでなく，縦で音楽として通じれるのもいいと思います。なんで，音楽を通して，防犯のことに，小学生や中学生の子にも興味を持ってくれたらいいと思います。

◆ 第3節
## 小括

　ボウハンティアの現状を鑑みた時に，他校との交流がそこにはある。ボウハンティア音楽祭にしても，音楽の様々なジャンルの交流や音楽と文化的活動との交流など，質の高い交流ができることは，活動そのものの活性化に寄与すると思われる。また，生徒自身も，その他校との交流を前向きに捉えていることがわかる。

A-S1

　私は，いろいろな学校の，例えば，学校の中でグループに分かれて自分たちで課題を見つけて自分たちで改善策や，そうなってしまう原因などを考えて発表して聞く機会があったら，同じ高校生なのにこういう細かいところにも気付けるなあとか。他校の考えなどを聞くことによって，自分らが気付かなかった

問題の関心や考えにもつながるし，他校の生徒に対する考えも変わってくると思うので，他の学校の生徒の考えなどを聞く機会があったらいいと思います。

A-S2

　私たちの学校では，学期に1回，普段お世話になっている，例えば玉名駅や地下道などを清掃するという活動を行っているのですが。それを他の学校の生徒と一緒に交流をして活動することで，私たちの学校の地域だけでなく，他校の地域も一緒に清掃できるので，より多くの広い範囲で清掃することができるし，その交流もまた深めることができるので。玉名市全体の地域の絆が深まるので，そういうことをしてみたらいいと思います。……防犯に関することを一人一人が，まずは学校の中で強く意識を持ってもらい，その後に何校かで全校生徒が集まれる機会があれば，その学校の代表の方が，私たちの学校ではこういうことをしていますというふうに発表すると，ああ，こういう見方もあったんだなということがお互いに分かるので，良いところをまねしてみたり，新しいことにもチャレンジもできるので，そういうふうにしてみたらいいと思います。

B-S1

　地域に向けて，各学校の生徒会とであいさつ運動をして，地域の歩行者の方とかにもっとあいさつをして，自分たちから関わって自分の地域のよさというか。……もっとあいさつ運動などをして関わりを増やしていくというのをしてみたいです。


　また，高校生同士の交流だけではなく，地域と交流することやそこでの交流を通して自校を知ってもらうこと，地域社会に貢献できることを望んでいることがわかる。「社会貢献という観点から安全教育にかかわり，社会的責任を意識する機会を経験することにより，安全のために何を考え，何ができるのかなどの気づきを促し，自分を守る安全教育から社会の安全に自分がどのようにかかわるのかを意識する安全教育へ発展することが重要である[8]」という指摘があ

第4章　熊本県玉名市における「高校生防犯ボランティア組織ボウハンティア」　　175

るように，自己完結的な意識から脱却し，社会還元的な意識を持つことが必要とされているものと考えられる。

B-S1

　今後のボウハンティア音楽祭は，今も結構，各学校から代表の学年とかが参加してるんですけど，地域と連携して行っている行事なので，もっと地域にポスターを貼ったりして知名度をあげて。それに参加している学生だけでなく，荒尾玉名の全体で意識を高めて，せっかくその場所にたくさんの年代の方とかが集まって。交流じゃないけど，同じことをしているので，関わり方というのは全員，人それぞれ違うけど。どのところで関わっても，もとというか，音楽を通して交通安全を守っていくみたいな，そういうところは根本が全員同じなので，もっと知名度を上げて同じ気持ちを共有していったらいいと思います。

B-S3

　お年寄りとか小さい子を増やしていって，今は私たちは見せる方で，相手は見る方だから，全然関わりとかがなくて触れ合いもないから，触れ合いの時間を設けたりとか。太鼓に私たちも触れてほしいから，そういう時間とか周りの人たちとも意見とかを交換できるような場を設けたらいいんじゃないかなって思いました。

D-S3

　合唱のことなんですけど，最後に全体合唱をするんですけど，それだけじゃなくてもっと，例えば音楽部の３年生と書道部の２年生とみたいな感じで，もっとそれに加えて地域の方々とかも一緒にステージに立って活動ができたらもっと交流が深まるんじゃないかなと思います。

　高校生のこれらの見解を概観すると，ボウハンティアの原点に立ち戻って，その在り方を再考する必要があるのではないかと思われる。それに関して，課

題もある。高校生自身，自らの多忙化を意識しているのか，教師への配慮なのか，活動のための時間の確保・調整を懸念していることがわかる。これは，高校生だけで解決できるものではなく，学校として取り組むべき課題でもあると考えられる。

C-S4

　ここ数年はボウハンティアとして他校と一緒に活動することはあまりありません。各学校のカリキュラムや校風により，時間を調整しながら活動していくことが難しく，これも課題の一つだと思います。……他の高校とかとの時間とかが合わないとかあったから，他の高校の方と警察の方とかと一緒に，近くの玉名駅周辺とか横断歩道とか，朝とか登校が多い時間とかに，時間とか決めて，今日はここの高校と一緒に見回りとか，そういう事故防止につながる活動とかをやっていけたらなあと思います。

C-S6

　一緒にやるとしたら，警察の方々とも他校の方々とも時間を合わせて，もし朝やるなら，月の初めとかがいいと思います。月の中間とか終わりらへんは，高校生なのでテストとかもあるので。月初めとかに朝にやったらいいんじゃないかな，時間を合わせてやったらいいんじゃないかなって思います。

D-S3

　時間とかがあったりとか，準備の時間もあるし，各学校で時期とかの調整が必要かなと思います。

　質問紙調査から「中高生に対する交通安全教育が重要であるにもかかわらず，中学，高校では交通安全教育に十分な時間が割り当てられていないという現状」を明らかにした研究や安全教育の現状に関して，都道府県教育委員会が交通安全指導について具体的な指示をしていないために，通常の授業時間に交通安全

教育を実施している高等学校はほとんどないことを指摘している論考があるな[10]ど，時間の確保や教育計画における位置づけが課題であることが示されている。

　ボウハンティアのように広域的な活動を展開することを念頭に置くと，単独の学校内での調整に留めるのではなく，複数校の協議・調整の場が必要となる。その場が学警連である。生徒指導上の諸問題の情報共有だけではなく，その前段である日常的な連携・取組みの在り方について，建設的な情報交換をする意識を持つことが求められる。学警連の在り方を再考することで，小学校・中学校との関わり方も自ずと見えてくるのではないかと思われる。高校生の活動内容に関する意向をみてみると，地域の危険に関することが示されている。

## C-S2

　警察の人たちとか，他の高校の人たちと一緒にこういうところが危ないみたいな，そういうのを，少しの短い劇というか，ものを一緒に考えたら，みんなでこういうところが危ないよね，みたいな話し合いにもなるし，伝えることもできるから，私もしたいなって思いました。そういう機会があれば。

## D-S1

　危険な場所，見づらい場所などをマップに表示して，各学校でそれを作り上げて，大きな玉名市内の防犯マップを作るといいかなと思います。

## D-S2

　玉名にも結構暗いところがあったりして，本当に危ないなって感じるところが多いのでそういうところを教え合う。そしたら私たちに気づかないところも教えてもらったことで気づけるかなって思います。

## D-S3

　実際にパトロールをやってみて危ないなって思ったところとかをより合わせていくと，私たちだけじゃなくて他の学校の生徒も安全に登校したりできるか

なと思います。

　この活動は，高校生だけではなく，小学生・中学生，あるいは地域住民も交えて検討することでより実効性のあるものになると考えられる。学警連という既存の組織を活用して，できることから取り組むという，当たり前のことであるが，当たり前だからこそ，今，改めて求められているものではないかと思われる。

　　注記
　1)「第12回玉名地区高校生防犯ボランティア　ボウハンティア音楽祭」(2018年10月12日（金）開催　場所：玉名市総合体育館メインアリーナ）のプログラムは，開会宣言・会長挨拶・来賓祝辞の後，「平成30年度全国地域安全運動・全国暴力追放運動公募ポスター・標語・青パト活動写真入選作品の紹介及び表彰」が続いた。また，ステージ発表等の前に，ボウハンティア会長・副会長の連名で，以下の地域安全宣言が採択された。
「地域安全宣言　私たち，玉名地区高校生防犯ボランティアは，全力で地域安全のために努力することを誓います。そして，
　・万引き，自転車窃盗を絶対にしません。友達にもさせません。
　・自転車に必ず二重ロックをします。
　・歩きスマホ，自転車スマホを絶対にしません。
　・薬物や煙草，アルコールには絶対に手を出しません。
　そして私たちは，
　・時間管理をして，スマートフォン等に絶対支配されません。
　・インターネット上で出会った人とは絶対会いません。
　・写真や個人情報をインターネット上に絶対載せません。
　・ネットいじめを絶対しません。
　・大事なことは直接伝えます。」
　　ステージ発表は，音楽部・太鼓部・吹奏楽部のほかに，書道部が，参加者全員の合唱（ボウハンティア　テーマソング：BELIEVE（作詞・作曲　杉本竜一））の中で地域安全のためのメッセージを作成・披露する書道パフォーマンスもある。また，司会・進行を放送部の生徒が担当するなど，音楽系・文化系部活動の活躍の場となっている。
　2) 阿部俊明・遠藤満雄『三ない運動は教育か―高校生とバイク問題の現在―』ぺりかん社，1994年）によると，1994年調査では，熊本県は，「三ない運動」を実施していない（学校単位で自主的に判断）。

3) 高坂康雅「共同体感覚尺度の作成」『教育心理学研究』59，2011年，88-99頁

4) 三宅元子「中学・高校・大学生の情報倫理意識と道徳的規範意識の関係」『日本教育工学会論文誌』30(1)，2006年，51-58頁

5) 例えば，A校では，吹奏楽部が，小学校・中学校を訪問して演奏する「スクールコンサート」を独自で実施している。

6) 大谷亮「効果的な交通安全教育のために」『子どものための交通安全教育入門』ナカニシヤ出版，2016年，10-11頁

7) 警察に対するイメージに関して，5項目の合計点を算出し，5～10点をイメージが「良い」群，11～15点を「普通」群，16～25点を「悪い」群とした。

8) 門屋貴久「学校安全の推進」『生きる力を育む生徒指導』福村出版，2018年，165頁

9) 小竹雄介・日野泰雄・吉田長裕「児童生徒の自転車利用意識と交通安全教育の課題に関する調査研究」『土木学会論文集D3（土木計画学)』Vol.68，No.5，2012年，Ⅰ_1185-Ⅰ_1191頁

10) 笈沼孝雄「高等学校における交通安全教育」『工業教育資料』350，2013年，11-14頁

# 総　括

　本書では，高等学校と警察が連携して行うボランティア活動の効果に関して，高校生の自尊感情や規範意識，社会参画意識の形成にどのような影響を与えているのか，高校生対象の質問紙調査，高校生・教員・警察関係職員対象の聞き取り調査，参与観察などから実証的に明らかにすることを試みた。

　青森県における「少年非行防止JUMPチーム」の事例分析からは，高校生がJUMPチームで活動する意義や自尊感情や規範意識の向上に寄与するなどの活動効果が明らかになった。また，それを支える青森県教育庁職員と青森県警察職員による合同サポートチームの存在が注目に値することも示された。大人が高校生を取り巻く現況に具体的な理解を示すことが可能となることで，高校生は，教員・警察職員を身近な信頼できるパートナーとして認識することができるようになっている。そして，そこで構築された信頼関係を基盤とした活動は安定するとともに，先駆的・創造的な取組みにチャレンジしようとする支えにもなり，社会参画意識の醸成にもつながっている。さらに，教員・警察職員が一緒になって日常的に活動することから，相互の信頼関係も構築しやすくなるという効果もある。そのキーパーソンが人事交流で学校現場の教員という立場から警察現場の被害少年対策官という立場になり，活動している現職教員であり，青森県の実践の特筆すべきポイントである。被害少年対策官は，高校生と教員・警察職員，教員と警察職員を信頼関係で結ぶ要の役割を果たしており，JUMPチームの在り方を考える上で不可欠な存在となっている。

　愛媛県西条市における「高校生防犯ボランティアC.A.P.」の事例分析からは，活動を通して，高校生が自分自身の規範意識を高めながら，より積極的に社会に関わろうとする意欲を醸成していることが明らかになった。様々な活動がある中で，特徴的なものが西条祭り・地方祭といった秋祭りに関する取組み（飲酒・喫煙防止を啓発するポスターの作成・配布など）である。地域社会の凝集

性が高まるお祭りに，高校生も役割を担いながら関わることができることは，自分自身が社会の役に立っているという思いを抱き，自尊感情を育むことや社会参画意識を高めることに有用である。今後は，秋祭り以外の活動についても，高校生の活動を，より広く市民に認知される取組みとしていくことが重要であるといえる。

　熊本県玉名市における「高校生防犯ボランティア組織ボウハンティア」の事例分析からは，ボウハンティア音楽祭に関する取組みが特徴的であった。玉名市全体が音楽を大切にしている中での実践で，同世代はもちろん，異年齢交流の場ともなっている。その活動を通して，交流の重要性を認識するに至っていることは特筆に値する。その過程で，高校生自身が，日頃磨いた自分の音楽に関わるスキルを活かして地域社会に貢献することができるという思いを持つことが可能となり，自尊感情や社会参画意識の育成にもつながっているといえる。また，音楽はもちろん，交通安全に関する取組みを通して警察職員と日常的な交流をすることで，警察職員に対するイメージがより柔和なものとなり，相互理解のための素地が整いつつあること，高校生が規範意識を高めていることも明らかとなり，日常的な関わりの重要性が示されている。そうした状況の今こそ，直接的な防犯活動への取組みが低調になっている現況をかんがみ，活動の在り方を再考する時期にきているといえる。

　これらの一連の調査研究活動から，高等学校と警察が連携して行う日常性のあるボランティア活動に取り組むことが，自尊感情や規範意識，社会参画意識の涵養に効果があることが示された。それに関連して，参与観察などを通して現地で筆者が体感したことがある。それは，効果的な実践となっている背景には，活動地域が地方（非都市部）であることが大きな要因となっているのではないかということである。

　本書で調査してきた青森県，愛媛県西条市，熊本県玉名市の三者に共通することとして，高等学校の所在地（市町村）と高校生の住所・出身中学校の所在地（市町村）が一致している割合が高いことが挙げられる。

　高校生にしてみれば，高等学校の所在地（市町村）と自分の住んでいる場所

（市町村）が同一であれば，地域アイデンティティを確立することが比較的容易であるのではないかと思われる。そのため，地域社会のために活動することに抵抗感・違和感を覚えることが少ないものと考えられる。他方，警察関係職員や地域住民にしてみても，物理的にも心理的にも，本当に地元・地域の高校生として認識することができるので，親身になって高校生の活動を支援しようという思いになりやすく，そうした気運を醸成することも比較的容易になるのではないかと思われる。

　その一方で，都市部では，こうした活動環境を確保することは困難かもしれない。そのように考えられる要因として，都市部では私立学校の数が非都市部より比較的多いということ，また，私立学校では都道府県・市区町村をまたいで越境して通学するケースも当然のようにあるということなどがある。そして，そうした状況下では，高校生が地域アイデンティティを確立させることが難しいのではないかと思われる。また，その高校生を支援する警察関係職員や地域住民も，学校との関わり方について，心理的・物理的距離感を感じたり，言葉では表現できない違和感のようなものがあるなどして，苦慮する部分が多いものと推察される。

　参与観察等から得られたこの所感をリサーチクエスチョンとして精緻化し，検証することが必要であると考えている。そこから得られた知見を具体的に示すことが，どの学校，どの地域でも実現可能な高等学校と警察が連携したボランティア活動のモデルケースを提示することにつながると思われる。今後の研究課題であり，継続して研究を進める必要がある。

# あとがき

　本書で調査研究にご協力いただいた青森県，愛媛県西条市，熊本県玉名市，三地域の実践については，岐阜県のMSリーダーズ活動の調査研究を進めている時からずっと気になっていました。ただ，岐阜にいた筆者にとって，複数の遠方の実践にアプローチするには時間的・金銭的制約などがありました。加えて，それぞれの地域とのつながりがなかったことが最大のハードルでした。言ってみれば，それぞれの実践は筆者の"片想い"で，ずっと具体的に見てみたい，話を聞いてみたいと思っていたものです。しかし，"片想い"ですので，つながりはなく，どのようにアプローチしてよいものか苦慮していました。そこで頼ったのが「人」でした。

　青森県に関しては，日本特別活動学会でご指導いただいている渡部邦雄先生（当時，東京農業大学）に橋本都先生（当時，八戸工業大学）をご紹介いただき，青森県教育庁学校教育課につないでいただきました。愛媛県西条市については，同じく日本特別活動学会でお世話になっている城戸茂先生（愛媛大学）に西条市教育委員会学校教育課長をご紹介いただき，白松賢先生（愛媛大学）に愛媛県警察本部との橋渡しをしていただきました。熊本県玉名市は，直接ご紹介いただくことはありませんでしたが，青森県，愛媛県西条市で学んだ諸手続きを活かしてアプローチすることができたため，非常にスムーズに現場に入っていくことができました。

　先生方には，筆者の不躾なお願いにもかかわらず，親身に相談にのっていただき，お力添えをいただきました。先生方のご支援なくして本書の調査研究は成立していません。三地域と"お近づき"になることもできませんでした。「人」とのつながりの重要性を身に沁みて感じさせていただいています。

　さて，その三地域の実践をみると，期せずして「人」の重要性を認識させられます。青森県の実践では被害少年対策官，愛媛県西条市，熊本県玉名市の実

践ではそれぞれの活動の草創期からの状況を熟知している生徒指導主事が，その「人」になると思います。それぞれの実践が積み上げてきた実績・成果を大事にしながら，時として，それを批判的に吟味して，新たな試みをすることも必要です。時代が変われば求められるニーズも変わり，高校生を取り巻く現状や課題なども刻々と変化します。不易と流行のバランスを調整しながら，活動の舵取りをしているのが三地域の「人」であると感じています。

　自分自身，研究者としても，教育者としても，今回の調査研究を通して，ご支援・ご教示いただいた「人」をモデルに，今後より一層精進していく覚悟を持つことができました。

　最後に，改めて感謝の意を表したいと思います。本研究を進めるにあたり，たくさんの方々からご支援・ご協力をいただきました。調査地域とのコーディネートをしていただいた先生方，質問紙調査や聞き取り調査，参与観察にご協力していただいた高等学校の生徒さん・先生方，警察関係職員のみなさん，また，学会における口頭での成果報告の場や論文審査を通してご指導・ご助言いただいた先生方，本当に多くの方々のおかげで研究を遂行することができました。加えて，出版にいたるまでのご理解・お力添えをいただきました田中千津子社長，懇切丁寧な編集をしていただきました落合絵理さん，ありがとうございました。ここに記して感謝申し上げます。

　また，調査で不在がちな筆者に理解を示して支えてくれている妻　順子，長女　朋果，次女　由果にも感謝します。


　なお，本書の研究は，JSPS科研費16K04782の助成を受けて行われたものです。研究成果は，著者自らの見解等に基づくものであり，所属研究機関，資金配分機関及び国の見解等を反映するものではありません。


2021年10月

林　幸克

# 初出一覧

第2章～第4章は，以下の研究成果に加筆・修正したものである。

第2章

林幸克「高等学校と警察の連携によるボランティア活動に関する研究—青森県JUMPチームの事例に基づく考察—」『ボランティア学習研究』第18号，2018年，49-58頁

林幸克「高等学校と警察の連携に関する基礎的研究—青森県のJUMPチームの実践事例に基づく考察—」『明治大学人文科学研究所紀要』第83冊，2018年，191-221頁

第3章

林幸克「高校生のボランティア活動に関する一考察—愛媛県西条市の高校生防犯ボランティアC.A.P.の実践事例に基づく分析—」『明治大学教職課程年報』No.41，2019年，13-24頁

林幸克「高等学校と警察の連携によるボランティア活動に関する研究 (2) —愛媛県西条市の高校生防犯ボランティアC.A.P.の事例に基づく考察—」『明治大学人文科学研究所紀要』第85冊，2019年，83-106頁

林幸克「高校生の規範意識の育成に関する一考察—愛媛県西条市における学校と警察の連携への着目—」『日本赤十字秋田看護大学・日本赤十字秋田短期大学紀要』第24号，2020年，11-19頁

第4章

林幸克「総合的な学習の時間における交通安全教育に関する一考察—熊本県玉名市内の高等学校における実践事例に基づく分析—」『明治大学教職課程年報』No.42，2020年，81-91頁

# 索　引

【著者紹介】

林　幸克（はやし　ゆきよし）
1974年岐阜県生まれ。
明治大学文学部専任教授。博士（学術）。剣道教士七段。
名古屋学院大学講師・准教授，岐阜大学大学院教育学研究科准教授
等を経て現職。
〈専門〉
高等学校における教科外教育（特別活動，総合的な探究の時間，ボ
ランティア学習，部活動）
〈所属学会〉
日本特別活動学会（常任理事），日本学校教育学会，日本生徒指導
学会，日本生涯教育学会など。
〈主著〉
『改訂第2版　特別活動の理論と実践』（共編著，2020，電気書院），
『部活動改革2.0』（分担執筆，2018，中村堂），『生徒指導・進路指
導　第二版』（分担執筆，2018，学文社），『高校生の市民性の諸
相』（単著，学文社，2017），『高校生の部活動』（単著，学事出版，
2012），『高校教育におけるボランティア活動』（単著，学文社，
2011）など。

高等学校と警察の連携が拓くボランティア活動
—青森県・愛媛県西条市・熊本県玉名市の実践事例の検証—

2021年11月15日　　第1版第1刷発行

著者　林　　幸克

発行者　田中　千津子　　〒153-0064　東京都目黒区下目黒3-6-1
　　　　　　　　　　　　　電話　03（3715）1501 ㈹
発行所　株式会社 学文社　FAX　03（3715）2012
　　　　　　　　　　　　　https://www.gakubunsha.com

©HAYASHI Yukiyoshi 2021　　　Printed in Japan　　　印刷　新灯印刷㈱
乱丁・落丁の場合は本社でお取替えします。
定価はカバーに表示。

ISBN978-4-7620-3111-3